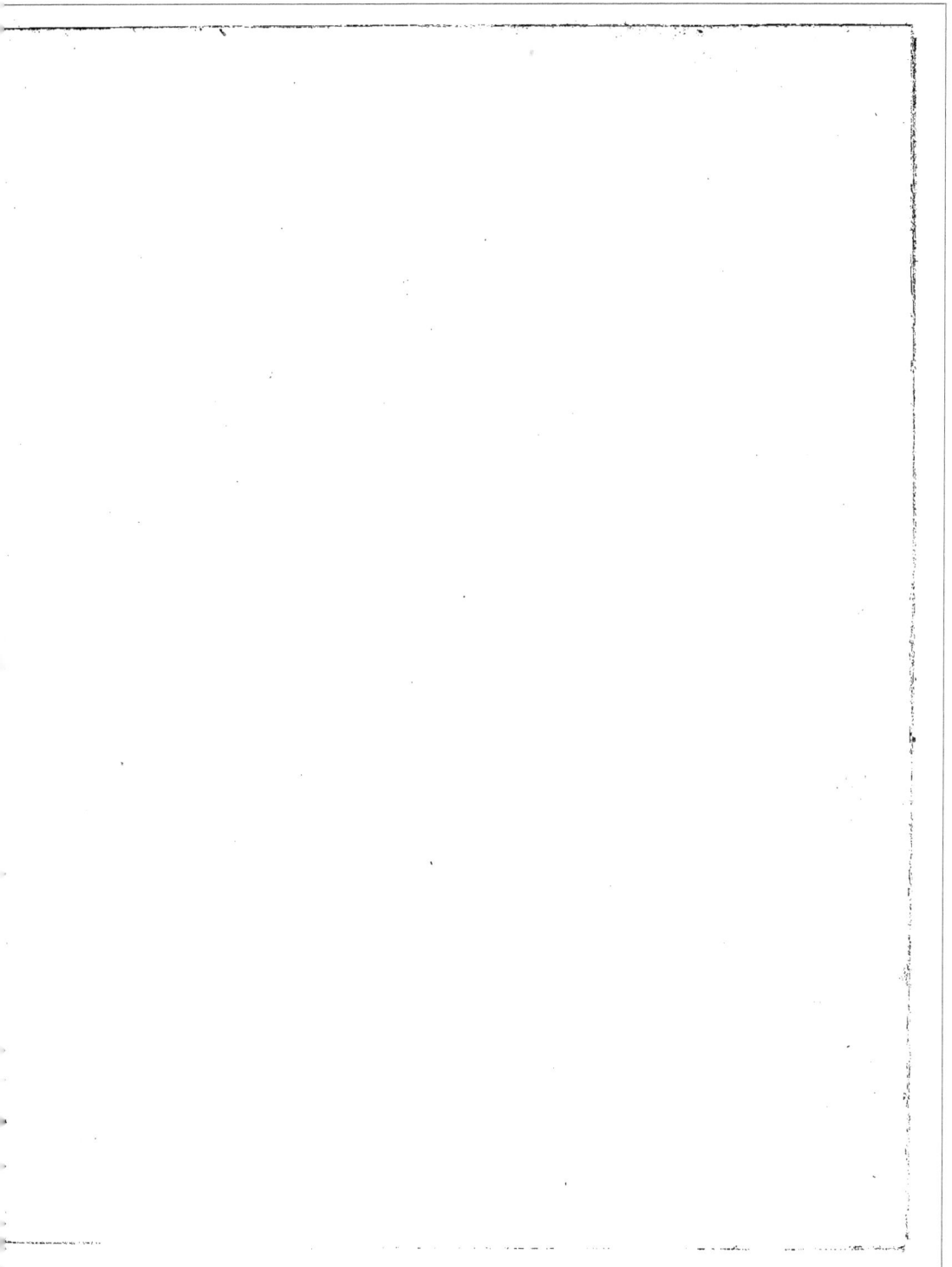

F

RECUEIL

CHRONOLOGIQUE

DE LOIS

ET ACTES DE L'AUTORITÉ PUBLIQUE.

Bois et forêts

A PARIS,

DE L'IMPRIMERIE DU DEPOT DES LOIS.

PROCLAMATION
DU ROI,

Pour la conservation des Forêts & Bois.

Du 3 Novembre 1789.

LE ROI, fur le compte qui lui a été rendu par
le Contrôleur général de fes finances, & fur le vu de
divers procès-verbaux, confidérant qu'au mépris des
Ordonnances & Règlemens rendus pour la police &
confervation des forêts & bois, les habitans des Villes
& Villages qui les avoifinent, fe permettent d'y entrer
journellement, & le plus fouvent armés & par attroupemens, pour y commettre les plus grands délits; que
ces habitans fe permettent auffi de vendre publiquement

dans les Villes & Villages, les bois qui proviennent de ces délits, & qu'ils enlèvent par toutes fortes de moyens: Et Sa Majesté voulant réprimer un désordre dont les suites deviendroient si préjudiciables, & mettre en vigueur les dispositions de l'Ordonnance des Eaux & Forêts du mois d'août 1669, pour la police & confervation des forêts & bois; Elle a réfolu de faire fur ce connoître fes intentions.

En conféquence, SA MAJESTÉ fait très-expreffes inhibitions & défenfes à toutes perfonnes, de ne plus à l'avenir entrer dans les forêts & bois, par attroupemens, ou particulièrement, pour y commettre aucuns délits, fous peine d'être pourfuivies fuivant la rigueur des Ordonnances. Permet Sa Majefté aux Ufagers d'y enlever le bois fec & gifant, fans fe fervir d'aucune efpèce de ferrement, même de crochets, à peine d'amende & de confifcation d'iceux. Enjoint Sa Majefté aux Municipalités des Villes & Villages qui avoifinent ces forêts & bois, d'y empêcher l'entrée & la vente d'aucuns bois de délits, fous les peines portées par les Ordonnances & les Règlemens, & de prêter main-forte aux Officiers chargés de les faire exécuter, toutes les fois qu'ils en feront requis par eux. Fait pareillement défenfes Sa Majefté à toutes perfonnes de quelque qualité & condition qu'elles foient, de ne plus entrer dans fes bois, forêts & terres de fon domaine pour y chaffer, fous peine d'être pourfuivies par les voies de droit; comme auffi d'y introduire aucunes vaches ni chevaux, à peine de confifcation & d'amende, à moins qu'elles n'y foient autorifées par des ufages anciens & légalement reconnus. Enjoint Sa Majefté à fes Officiers de tenir exactement la main à l'exécution de la préfente Proclamation, qui fera imprimée, publiée & affichée par-tout où befoin fera, afin que perfonne n'en puiffe prétendre caufe d'ignorance. FAIT à Paris, le trois novembre mil fept cent quatre-vingt-neuf. *Signé* LOUIS. *Et plus bas*, Par le Roi, DE SAINT-PRIEST.

A PARIS,

DE L'IMPRIMERIE ROYALE,

M. DCCLXXXIX.

LETTRES PATENTES

DU ROI,

Sur un Décret de l'Assemblée Nationale, concernant les délits qui se commettent dans les Forêts & Bois.

Données à Paris au mois de Décembre 1789.

Transcrites en Parlement, en Vacations, le 18 Décembre audit an.

LOUIS, par la grace de Dieu, & par la Loi constitutionnelle de l'Etat, ROI DES FRANÇOIS : A tous présens & à venir : SALUT. L'Assemblée Nationale considérant qu'il importe non-seulement à l'Etat, mais à tous les Habitans du Royaume, de veiller à la conservation & de maintenir le respect dû à toutes les propriétés, & notamment à celle des bois, objet de premier besoin : avertie par l'Administration des Eaux & Forêts, des délits multipliés qui se commettent jour & nuit par des Particuliers, & même avec armes & par attroupemens, soit dans les Forêts royales, soit dans les Bois des Ecclésiastiques, des Communautés d'Habitans, & de tous les Particuliers du Royaume, ainsi que sur les arbres plantés fur les bords des chemins. Juftement effrayée des fuites funeftes que de tels délits doivent néceffairement entraîner pour la génération actuelle & pour celles à venir, par la difette des bois, que des fiècles peuvent à peine régénérer, a décrété, le onze de ce mois, & Nous voulons & ordonnons ce qui fuit:

1°. Les Forêts, Bois & arbres font mis fous la fauve-garde de la Nation & de la Loi, comme fous la nôtre, & fous celle des Tribunaux, des Affemblées adminiftratives, Municipalités, Communes & Gardes nationales, qui font expreffément dé-clarés confervateurs defdits objets, fans préjudice des titres, droits & ufages des Communautés & des Particuliers, ainfi que des difpofitions des Ordonnances fur le fait des Eaux & Forêts.

2°. Défenfes font faites à toutes Communautés d'Habitans, fous prétexte de droit de propriété, d'ufurpation & fous tout autre quelconque, de fe mettre en poffeffion, par voie de fait, d'aucuns des Bois, Pâturages, Terres vagues & vaines, dont elles n'auroient pas la poffeffion réelle au 4 Août dernier, fauf auxdites Communautés à fe pourvoir par les voies de droit contre les ufurpations dont elles croiroient avoir droit de fe plaindre.

3°. Toutes coupes, dégâts, vols & délits commis dans lefdits Bois, Forêts, fur les arbres des chemins & lieux publics, dans les Plantations & Pépinieres, feront pourfuivis contre les prévenus, & punis fur les coupables des peines portées par l'Ordonnance des Eaux & Forêts, & autres Loix du Royaume.

4°. Défenfes font faites à toutes perfonnes de débiter, vendre ou acheter en fraude des bois coupés en délit, fous peine , contre les Vendeurs & Acheteurs frauduleux, d'être pourſuivis ſuivant la rigueur des Ordonnances ; voulons que par les Gardes des Bois , Maréchauſſées & Huiſliers ſur ce requis , la ſaiſie deſdits bois coupés en délit ſoit faite ; mais la perquiſition deſdits bois ne pourra l'être qu'en préſence d'un Officier Municipal , qui ne pourra s'y refuſer.

5°. Enjoignons au Miniſtere Public de pourſuivre les délits ; autoriſons en conféquence les Maîtriſes des Eaux & Forêts , & tous autres Juges , à ſe faire prêter main-forte , pour l'exécution de leurs Ordonnances , Jugemens & Saiſies , par les Municipalités , Gardes Nationales & autres Troupes , pour arrêter , défarmer & repouſſer les délinquans dans leſdits Forêts & Bois , à peine , en cas de refus deſdites Municipalités requiſes , d'en répondre en leur propre & privé nom.

6°. Autoriſons tous leſdits Juges & Municipalités de faire conſtituer priſonniers tous ceux qui ſeront trouvés *en flagrant délit ,* tant de jour que de nuit.

MANDONS & ordonnons à tous les Tribunaux ordinaires , Corps adminiſtratifs , Maîtriſes des Eaux & Forêts , & Municipalités , que les Préſentes ils faſſent tranſcrire ſur leurs regiſtres , lire , publier & afficher dans leurs Reſſorts & Départemens reſpectifs , notamment dans les lieux qui avoiſinent les Forêts & Bois , & exécuter comme Loi du Royaume. Ordonnons pareillement que ces Préſentes ſeront lues au Prône de toutes les Paroiſſes dans toute l'étendue du Royaume. En foi de quoi Nous avons ſigné & fait contreſigner ceſdites Préſentes , auxquelles Nous avons fait appoſer le ſceau de l'Etat. A Paris , au mois de Décembre , l'an de grace mil sept cent quatre-vingt-neuf, & de notre regne le seizieme. *Signé* LOUIS. *Et plus bas :* Par le Roi, DE SAINT-PRIEST. *Visa* † L'ARCHEVÊQUE DE BORDEAUX. Et scellées du sceau de l'Etat.

Transcrits, oui & ce requérant Pierre de Laurencel, Sous-Doyen des Substituts du Procureur Général du Roi, pour être exécutés selon leur forme & teneur, imprimés, lus, publiés & affichés par-tout où besoin sera; & Copies collationnées desdits Lettres-patentes & Décret envoyées aux Bailliages, Sénéchaussées, Siéges des Maîtrises des Eaux & Forêts, & Justices du Ressort de la Cour, pour y être pareillement transcrits sur leurs registres, lus, publiés & affichés : enjoint aux Substituts du Procureur Général du Roi èsdits Siéges, & aux Procureurs Fiscaux èsdites Justices de s'y conformer, d'y tenir la main, & d'en certifier la Cour dans le mois; à la charge de réitérer la présente transcription sur les registres de la Cour, à la rentrée d'icelle, suivant l'Arrêt de ce jour. A Paris, en Vacations, le dix-huit Décembre mil sept cent quatre-vingt-neuf.

Signé DUFRANC.

A PARIS, chez N. H. NYON, Imprimeur du Parlement, rue *Mignon Saint-André-des-Arcs.* 1789.

LETTRES PATENTES
D U R O I,

Sur le Décret de l'Assemblée Nationale, du 18 du présent mois de Mars, comprenant les dispositions pour prévenir & arrêter les abus relatifs aux Bois & Forêts domaniaux & dépendant d'établissemens ecclésiastiques.

Données à Paris le 26 Mars 1790.

Transcrites en Parlement, en Vacations, le quinze Avril audit an.

LOUIS, par la grace de Dieu, & par la Loi constitutionnelle de l'Etat, ROI DES FRANÇOIS : A tous ceux qui ces présentes Lettres verront ; SALUT. L'Assemblée Nationale, après avoir entendu le rapport fait sur le Décret du 11 de ce mois, voulant comprendre dans une seule & même Loi, les dispositions nécessaires pour prévenir & arrêter les abus relatifs aux Bois & Forêts, dans la possession desquels la Nation peut être dans le cas de rentrer, ou dont elle pourroit avoir à disposer, a décrété le 18 de ce mois, & Nous voulons & ordonnons ce qui suit :

ARTICLE PREMIER.

Il sera provisoirement sursis par les apanagistes, engagistes, donataires, concessionnaires, & tous détenteurs, à quelque titre que ce soit, des Bois & Forêts domaniaux, & par tous échangistes, dont les échanges ne sont pas consommés, à toute coupe de futaie dans lesdits Bois & Forêts, à peine de confiscation des bois coupés, & de mille livres d'amende pour toute coupe au-dessous d'un arpent, & de mille livres par arpent pour

toute coupe excédante, fans préjudice néanmoins à la pleine
& entiere exécution des coupes extraordinaires, autorifées &
adjugées dans les formes légales jufqu'au jour de la publication
des préfentes.

I I.

IL fera pareillement furfis à toute permiffion, adjudication, exploitation de coupes extraordinaires des Bois dépendans d'établiffemens eccléfiafliques, fans préjudice à la
pleine & entiere exécution des coupes extraordinaires autorifées & adjugées dans les formes légales, jufqu'au jour de la
publication des préfentes, à la charge aux adjudicataires de
verfer dans la caiffe de l'Adminiftration des Domaines, le prix
des adjudications, dont il ne fera difpofé que d'après l'avis des
Affemblées de Diftrict, de Département, ou de leurs Directoires, ou pour le payement des dépenfes extraordinaires faites
avant la publication des préfentes, conformément aux Arrêts
& Lettres patentes qui les ont autorifées.

I I I.

LES apanagiftes, engagiftes, conceffionnaires des Bois &
Forêts domaniaux, à quelque titre que ce foit, & les échangiftes dont les échanges ne font pas conformés, ainfi que tous
bénéficiers, ou autres poffeffeurs ou adminiftrateurs des Bois
& Forêts Eccléfiaftiques, ne pourront faire des coupes de taillis
dans lefdits bois & Forêts, que conformément aux aménagemens; & à défaut des procés-verbaux d'aménagemens,
lefdits taillis ne pourront être coupés qu'à l'âge auquel ils ont
accoutumé de l'être.

I V.

LES perfonnes défignées en l'article précédent, ne pourront
commencer l'exploitation defdites coupes, qu'après en avoir
obtenu la permiffion des Maîtrifes ou autres Juges compétens,
& cette permiffion ne fera délivrée qu'après la communication
de la demande au Diftrict de la fituation des Bois, ou à fon
Directoire, à la Municipalité, ou aux Municipalités des lieux,
en attendant l'établiffement des Diftricts, à peine de confifcation des bois coupés & de cinq cens livres d'amende, pour
toute coupe au-deffous d'un arpent, & de cinq cens livres par
arpent pour toute coupe excédante.

V.

TOUTE exploitation des taillis ci-deſſus déſignés, actuellement commencée & non conforme aux procès-verbaux d'aménagement, ou à défaut des procès-verbaux d'aménagement au-deſſous de l'âge ordinaire des coupes précédentes, ſera ſuſpendue auſſi-tôt après la publication des préſentes, ſous les peines portées en l'article précédent, & les bois actuellement coupés en contravention, feront ſaiſis & vendus à la diligence des Officiers des Maîtriſes, ou autres Juges compétens, & les deniers verſés dans la caiſſe de l'Adminiſtration des Domaines.

V I.

IL ne pourra être abattu aucuns arbres épars ſur les biens domaniaux, dont les échanges ne ſont pas conſommés, ni ſur les biens eccléſiaſtiques, qu'autant que leſdits arbres feront ſur le retour & dépériſſans, & après avoir obtenu la permiſſion preſcrite en l'article quatrieme, à peine de confiſcation des arbres coupés & d'une amende, qui ne pourra être moindre que le double de valeur deſdits arbres.

V I I.

LES apanagiſtes, engagiſtes, conceſſionnaires des Bois & Forêts domaniaux, les échangiſtes de ces mêmes Bois, dont les échanges ne ſont pas conſommés, tous détenteurs des Bois domaniaux, à quelque titre que ce ſoit, les adminiſtrateurs des bois & Forêts dépendans d'établiſſemens eccléſiaſtiques, ne pourront arracher leſdits Bois, ni faire aucun défrichement, ni en changer la nature, ſous peine de quinze cens livres d'amende par arpent.

V I I I.

TOUTES les diſpoſitions ci-deſſus feront exécutées dans les provinces Belgiques, comme dans toutes les autres parties du Royaume, & les Officiers des Maîtriſes des Eaux & Forêts de ces provinces, ſont autoriſés proviſoirement à exercer concurremment avec les Juges ordinaires, toute juriſdiction ſur les Bois eccléſiaſtiques, ſans préjudice des pourſuites auxquelles les gens de main-morte deſdites Provinces pourroient être ſujets pour ventes ou abattis de bois non parvenus à maturité, qu'ils pourroient avoir ci-devant faits, en contravention à la Loi qui leur ordonnoit d'exploiter leurs bois en bons peres de famille.

I. X.

LES Municipalités font chargées de veiller à l'exécution des préfentes, & les Procureurs des Communes de dénoncer les contraventions aux Tribunaux qui doivent en connoître.

MANDONS & ordonnons à tous les Tribunaux, Corps adminiftratifs, Maîtrifes des Eaux & Forêts & Municipalités, que les préfentes ils faffent tranfcrire fur leurs Regiftres, lire, publier & afficher dans leurs Refforts & Départemens refpec-tifs, & exécuter comme Loi du Royaume. En foi de quoi Nous avons figné & fait contrefigner cefdites préfentes, aux-quelles Nous avons fait appofer le Sceau de l'Etat. A Paris, le vingt-fixieme jour du mois de Mars, l'an de grace mil fept cent quatre-vingt-dix, & de notre regne le feizieme. *Signé* LOUIS. *Et plus bas :* Par le Roi, DE SAINT-PRIEST. Vu au Confeil, LAMBERT. Et fcellées du Sceau de l'Etat.

Tranfcrits, oü & ce requérant Pierre de Laurencel, Sous-Doyen des Subftituts du Procureur-Général du Roi, pour être exécutés felon leur forme & teneur, imprimés, lus, publiés & affichés par-tout où befoin fera; & Copies collationnées defdits Lettres Patentes & Décret envoyées aux Bailliages, Sénéchauffées, Maîtrifes & Juftices du Reffort, pour y être pareillement tranf-crits, fur leurs Regiftres, lus, publiés & affichés : Enjoint aux Subftituts du Procureur-Général du Roi efdits Sieges, & aux Procureurs Fifcaux efdites Juftices, de s'yconformer, d'y tenir la main, & d'en certifier la Cour dans le mois ; à la charge de réitérer ladite tranfcription fur les Regiftres de la Cour à la rentrée d'icelle, fuivant l'Arrêt de ce jour. A Paris, en Vaca-tions, le quinze Avril mil fept cent quatre-vingt-dix.

Signé YSABEAU.

A PARIS, chez N. H. NYON, Imprimeur du Parlement, 1790.

LETTRES PATENTES

D U R O I,

*Sur un Décret de l'Assemblée Nationale, concernant
la Chasse.*

Données à Paris, le 30 Avril 1790.

LOUIS, par la grâce de Dieu, et par la Loi constitutionnelle de l'État, ROI DES FRANÇOIS : A tous
ceux qui ces présentes lettres verront ; SALUT.
L'Assemblée Nationale considérant que, par ses
Décrets des 4, 5, 7, 8 et 11 Août 1789, le droit
exclusif de la Chasse est aboli, et le droit rendu à tout
propriétaire de détruire ou faire détruire, *sur ses
possessions seulement,* toutes espèce de gibier, sauf à
se conformer aux loix de police qui pourroient être
faites relativement à la sureté publique ; mais que
par un abus répréhensible de cette disposition, la
Chasse est devenue une source de désordres, qui

s'ils se prolongeoient davantage , pourroient devenir funestes aux récoltes , dont il est si instant d'assurer la conservation , a , par provision et en attendant que l'ordre de ses travaux lui permette de plus grands développemens sur cette matière , décrété , les 22 , 23 et 28 de ce mois , et Nous voulons et ordonnons ce qui suit :

ARTICLE PREMIER.

IL est défendu à toutes personnes de chasser , en quelque temps et de quelque manière que ce soit , sur le terrain d'autrui , sans son consentement , à peine de Vingt livres d'amende envers la Commune du lieu , et d'une indemnité de Dix livres envers le Propriétaire des fruits , sans préjudice de plus grands dommages-intérêts , s'il y échoit.

Défenses sont pareillement faites , sous ladite peine de Vingt livres d'amende , aux Propriétaires ou possesseurs , de chasser dans leurs terres non closes , même en jachères , à compter du jour de la publication des Présentes , jusqu'au 1.er Septembre prochain , pour les terres qui seront alors dépouillées , et pour les autres terres , jusqu'après la dépouille entière des fruits , sauf à chaque Département à fixer pour l'avenir le temps dans lequel la Chasse sera libre , dans son arrondissement , aux Propriétaires sur leurs terres non closes.

I I.

L'AMENDE et l'indemnité ci-dessus statuées contre celui qui aura chassé sur le terrain d'autrui , seront portées respectivement à Trente livres et à quinze livres, quand le terrain sera clos de murs et de haies, et à Quarante livres et Vingt livres, dans le cas où le terrain clos tiendroit immédiatement à une habitation, sans entendre rien innover aux dispositions des autres loix qui protègent la sûreté des Citoyens et de leurs propriétés, et qui défendent de violer les clôtures, et notamment celles des lieux qui forment leur domicile, ou qui y sont attachés.

I I I.

CHACUNE de ces différentes peines sera doublée en cas de récidive : elle sera triplée, s'il survient une troisième contravention, et la même progression sera suivie pour les contraventions ultérieures ; le tout dans le courant de la même année seulement.

I V.

LE contrevenant qui n'aura pas, huitaine après la signification du jugement, satisfait à l'amende prononcée contre lui, sera contraint par corps, et détenu en prison pendant vingt-quatre heures, pour la première fois ; pour la seconde fois pendant huit jours ; et pour la troisième ou ultérieure contravention, pendant trois mois.

V.

DANS tous les cas, les armes avec lesquelles la contravention aura été commise, seront confisquées, sans néanmoins que les Gardes puissent désarmer les Chasseurs.

V I.

Les pères et mères répondront des délits de leurs enfans mineurs de vingt ans, non mariés et domiciliés avec eux, sans pouvoir néanmoins être contraints par corps.

V I I.

Si les délinquans sont déguisés ou masqués, ou s'ils n'ont aucun domicile connu dans le Royaume, ils seront arrêtés sur le champ à la réquisition de la Municipalité.

V I I I.

Les peines et contraintes ci - dessus seront prononcées sommairement et à l'audience par la Municipalité du lieux du délit, d'après les rapports des Gardes-Messiers, Bangards ou Gardes-Champêtres, sauf l'appel, ainsi qu'il a été réglé par le Décret de l'Assemblée Nationale du 23 Mars dernier, que Nous avons accepté : elles ne pourront l'être que, soit sur la plainte du Propriétaire ou autres Partie intéressée, soit même dans le cas où l'on auroit chassé en temps prohibé, sur la seule poursuite du Procureur de la Commune.

I X.

A cet effet, le Conseil général de Commune est autorisé à rétablir un ou plusieurs Gardes - Messiers, Bangards ou Gardes - Champêtres, qui seront reçus et asserment par la Municipalité, sans préjudice de la Garde des bois et forêts, qui se fera comme par le passé, jusqu'à ce qu'il en ait été autrement ordonné.

X.

LESDITS rapports seront ou dressés par écrits, ou faits de vive-voix au greffe de la Municipalité, où il en sera tenu registre. Dans et l'autre cas, ils seront affirmés entre les mains d'un Officier Municipal, dans les vingt-quatre heures du délit qui en sera l'objet, et ils feront foi de leur contenu jusqu'à la preuve contraire, qui pourra être admise sans inscription de faux.

X I.

IL pourra être suppléé auxdits rapports par la déposition de deux témoins.

X I I.

TOUTE action pour délit de Chasse sera prescrite par le laps d'un mois, à compter du jour ou le délit aura été commis.

X I I I.

IL est libre à tous Propriéiaires ou Possesseurs, de chasser ou faire chasser en tout temps et nonobstant l'article premier des présentes, dans ses lacs et étangs, et dans celles de ses possessitons qui sont séparés par des murs ou des haies vives, d'avec les héritages d'autrui.

X I V.

POURRA également tout Propriétaire ou Possesseur, autre qu'un simple usager, dans les temps prohibés par ledit article premier, chasser ou faire chasser, sans chiens courants, dans ses bois et forêts.

X V.

IL est pareillement libre, en tout temps, aux Propriétaires ou Possesseurs, et même au Fermier, de détruire le gibier dans ses récoltes non closes, en se servant de filets ou autres engins qui ne puissent pas nuire aux fruits de la terre, comme aussi de repousser avec des armes à feu les bêtes fauves qui se répandroient dans lesdites récoltes.

X V I.

IL sera pourvu, par une loi particulière, à la conservation de nos plaisirs personnels; et par provision, en attendant que nous ayons fait connoître les cantons que Nous voulons réserver exclusivement pour notre Chasse, défenses sont faites à toutes personnes de chasser et de détruire aucune espèce de gibier dans les forêts à Nous appartenantes, et dans les parcs attenants aux maisons royales de Versailles, Marli, Rambouillet, Saint-Cloud, Saint-Germain, Fontainebleau, Compiègne, Meudon, bois de Boulogne, Vincennes et Villeneuve-le-Roi.

MANDONS et ordonnons à tous les Tribunaux, Corps administratifs et Municipalités, que les présentes ils fassent transcrire sur leurs Registres, lire, publier et afficher dans leurs Ressorts et Départemens respectifs, et exécuter comme Loi du Royaume. En foi de quoi Nous avons signé et fait contre-signer cesdites présentes, auxquelles Nous avons fait apposer le Sceau de l'Etat. A Paris, le trentième jour du mois d'Avril, l'an de grâce mil sept cent quatre-vingt-dix , et de notre règne le seizième. *Signé* L O U I S. *et plus bas ,* par le Roi , DE SAINT-PRIEST. Et scellées du Sceau de l'État.

A PARIS, DE L'IMPRIMERIE ROYALE. 1790.

LETTRES PATANTES

DU ROI,

Sur un décret de l'Assemblée Nationale ; interprétatif de ceux des 11 Décembre 1789, 23 Février et 15 Mars 1790 ; concernant l'abolition du droit de Triage, et la propriété des Bois , Pâturages , Marais vacans , Terres vaines et vagues.

Données à Paris, le 26 Mai 1790.

LOUIS, par la grâce de Dieu , et par la Loi constitutionnelle de l'État, ROI DES FRANÇOIS : A tous ceux qui ces présentes Lettres verront ; SALUT. l'Assemblée Nationale informée des désordres et voies de fait auxquels plusieurs Communautés d'habitans et particuliers se sont portés dans différentes provinces du royaume , par une fausse interprétation des articles XXX et XXXI du titre II du Décret du 15 mars dernier , sanctionné par Lettres patentes du Roi , du 28 du même mois, a décrété le 15 mai , et Nous voulons et ordonnons que par l'abolition du droit de triage , c'est-à-dire , de l'action qu'avoit ci-devant le Seigneur pour se faire délivrer, dans certains cas , le tiers des biens par lui concédés précédemment aux Communautés d'habitans , il ne soit rien préjugé sur la propriété des bois , pâturages, marais vacans , terres vaines et vagues , ni attribué sur ces biens aucun nouveau droit aux Communautés d'habitans, ni aux particuliers qui les composent. Ordonnons que toutes les communautés et tous les particuliers qui prétendroient avoir sur les bois , pâturages , marais vacans , terres vaines et vagues , des droits de propriété , d'usage , de pacage ou autres dont ils n'auroient pas eu la possession réelle et de fait au 4 août 1789 , seront tenus de se pourvoir par les voies de droit , contre les usurpations dont ils croiroient avoir droit de se plaindre : mettons tous les possesseurs et afféagistes actuels desdits biens , sous la sauve-garde spéciale de la Loi : Faisons défenses à toutes personnes de les troubler par voies de fait , à peine d'être poursuivies extraordinairement , sauf à faire juger contradictoirement avec eux par les Juges qui en doivent connoître , la légitime ou l'illégitimité de leurs possessions. Ordonnons aux Curés et Vicaires desservant les paroisses, de faire lecture au prône , tant des présentes Lettres patentes , que de l'article II de celles du mois de décembre 1789 , intervenues sur le Décret du 11 décembre 1789 , ensemble de l'article III des Lettres patentes du 26 février 1790 , inter-

3

venues sur le Décret du 23 février, et de l'article V du titre III des Lettres patentes du 28 mars dernier, intervenues sur le Décret du 15 du même mois, lesquels à cet effet seront annexés par extrait à l'expédition des présentes.

MANDONS et Ordonnons à tous les Tribunaux, Corps administratifs et Municipalités, que les présentes ils fassent transcrire sur leurs registres, lire, publier et afficher dans leurs ressorts et départemens respectifs et exécuter comme Loi du Royaume. En foi de quoi Nous avons signé et fait contresigner cesdites présentes, auxquelles Nous avons fait apposer le Sceau de l'État. A Paris, le vingt-sixième jour du moi de mai, l'an de grâce mil sept cent quatre-vingt-dix, et de notre règne le dix-septième. *Signé* LOUIS. *Et plus bas,* Par le Roi, DE SAINT-PRIEST. Vu au Conseil, LAMBERT. Et scellée du Sceau de l'État.

EXTRAIT des Lettres patentes du mois de Décembre 1789, du 26 Février et du 28 Mars, 1790, sur les Décrets de l'Assemblée Nationale, des 11 Décembre 1789, 23 Février et 15 Mars 1790.

ARTICLE II.

DÉFENSES sont faites à toutes Communautés d'habitans, sous le prétexte de droit de propriété, d'usurpation et sous tout autre quelconque, de se mettre en possession, par voie de fait, d'aucuns des bois, pâturages, terres vagues et vaines dont elles n'au-

Lettres patentes du mois de déc. 1789, sur le Décret du 11 décembre 1789.

roient pas la possession réelle au 4 août dernier, sauf auxdites Communautés à se pourvoir , par les voies de droit, contre les usurpations dont elles croiroient avoir droit de se plaindre.

ARTICLE III.

Lettres patentes du 26 février 1790, sur le Décret du 23 fév. 1790.

LES Officiers municipaux emploieront tous les moyens que la confiance publique met à leur disposition pour la protection efficace des probriétés publiques et particulières , et des personnes , et pour prévenir et dissiper tous les obstacles qui seroient apportées à la perception des impôts; et si la sûreté des personnes , des propriétés et la perception d e impôts étoient mises en danger par des attroupemens séditieux , ils feront publier la Loi martiale.

TITRE III.

ARTICLE V.

Lettres patentes du 28 mars 1790, sur le Décret du 15 mars 1790.

AUCUNE Municipalité , aucune administration de District ou de Département , ne pourront, à peine de nullité, de prise à partie, et de dommages et intérêts , prohiber la perception d'aucuns des droits seigneuriaux dont le payement sera réclamé, sous prétexte qu'ils se trouveroient implicitement ou explicitement supprimé sans indemnité , sauf aux parties intéressées à se pourvoir , par les voies de droit ordinaires , devant les Juges qui doivent en connoître.

A PARIS, DE L'IMPRIMERIE ROYALE 1791.

LETTRES PATENTES
DU ROI,

Sur le Décret de l'Assemblée Nationale, du 21 Mai 1790, concernant la distribution des Bois communaux en usance.

Données à Paris, le 31 Mai 1790.

LOUIS, par la grâce de Dieu, & par la Loi constitutionnelle de l'État, ROI DES FRANÇOIS ; A tous ceux qui ces présentes Lettres verront ; SALUT. L'Assemblée Nationale, sur le rapport de son Comité des finances, pour prévenir les fausses interprétations données à ses Décrets des 26 septembre, 29 Novembre & 17 décembre 1789, concernant les Impositions, a déclaré, le 21 mai 1790, & Nous voulons & déclarons ce qui suit :

Par nos Lettres patentes sur les précédens Décrets de l'Assemblée Nationale, concernant les Impositions, Nous n'avons entendu apporter aucun changement à la manière dont les Bois communaux en usance doivent être distribués entre ceux qui y ont droit ; en conféquence, ordonnons que dans les lieux où les Bois étoient en partie diftribués au marc la livre, & où les Fermiers & Cultivateurs payoient ci-devant les tailles pour les biens par eux exploités, & où l'on a impofé les Propriétaires non réfidens, au lieu & place de leurs Fermiers, ceux-ci, quoique non compris dans le rôle, comme ils l'étoient antérieurement, continueront néanmoins d'avoir la portion de bois qui devoit leur arriver dans la diftribution au marc la livre.

MANDONS & ordonnons à tous les Tribunaux, Corps adminiftratifs & Municipalités, que les Préfentes ils faffent tranfcrire fur leurs Regiftres, lire, publier & afficher dans leurs Refforts & Territoires refpectifs, & exécuter comme Loi du Royaume. En foi de quoi Nous avons figné & fait contrefigner cefdites Préfentes, auxquelles Nous avons fait appofer le Sceau de l'État. A Paris, le trente-unième jour du mois de mai, l'an de grâce mil fept cent quatre-vingt-dix, & de notre règne le dix-feptième. *Signé* LOUIS. *Et plus bas*, Par le Roi, DE SAINT-PRIEST. Vu au Confeil, LAMBERT. Et fcellées du Sceau de l'État.

A PARIS, DE L'IMPRIMERIE ROYALE. 1790.

LETTRES PATENTES
DU ROI,

Sur un Décret de l'Assemblée Nationale, du 26 Juillet 1790, relatif aux droits de Propriété & de Voyerie sur les chemins publics, rues & places de villages, bourgs ou villes, & arbres en dépendans.

Données à Paris le 15 Août 1790.

Transcrites en Parlement, en Vacations, le 28 Août audit an.

LOUIS, par la grace de Dieu, & par la Loi conftitutionnelle de l'Etat, ROI DES FRANÇOIS : A tous ceux qui ces préfentes Lettres verront ; SALUT. L'Affemblée Nationale a décrété, le 26 Juillet 1790, & Nous voulons & ordonnons ce qui fuit :

ARTICLE PREMIER.

LE Régime féodal & la Juftice feigneuriale étant abolis, nul ne pourra dorénavant, à l'un ou à l'autre de ces deux titres, prétendre aucun droit de Propriété ni de Voyerie fur les chemins publics, rues & places de villages, bourgs ou villes.

I I.

EN conféquence, le droit de planter des arbres, ou de s'approprier les arbres crûs fur les chemins publics, rues & places de villages , bourgs ou villes, dans les lieux où il étoit attribué aux ci-devant Seigneurs, par les coutumes, statuts ou usages , est aboli.

I I I.

DANS les lieux énoncés dans l'article précédent, les arbres existans actuellement sur les chemins publics, rues ou places de villages , bourgs ou villes , continueront d'être à la disposition des ci-devant Seigneurs , qui en ont été jusqu'à présent réputés propriétaires , sans préjudice des droits des particuliers qui auroient fait des plantations vis-à-vis leurs propriétés , & n'en auroient pas été légalement dépossédés par les ci-devant Seigneurs.

I V.

POURRONT néanmoins les arbres existans sur les rues ou chemins publics , être rachetés par les propriétaires riverains , chacun vis-à-vis sa propriété , sur le pied de leur valeur actuelle, d'après l'estimation qui en sera faite par des Experts nommés par les parties, sinon d'office par le Juge, sans qu'en aucun cas cette estimation puisse être inférieure au coût de la plantation des arbres.

V.

POURRONT pareillement être rachetés par les Communautés d'habitans, & de la manière ci-dessus prescrite , les arbres existans sur les places publiques des villes, bourgs ou villages.

V I.

LES ci-devant Seigneurs pourront, en tout temps, abattre & vendre les arbres dont le rachat ne leur a pas été offert, après en avoir averti par affiches, deux mois à l'avance, les propriétaires riverains & les Communautés d'habitans, qui pourront respectivement, & chacun vis-à-vis de sa propriété ou les places publiques, les racheter dans ledit délai.

V I I.

NE sont compris dans l'article III ci-dessus, non plus que

dans les fubféquens, les arbres qui pourroient avoir été plantés par les ci-devant Seigneurs, fur les fonds même des riverains, lefquels appartiendront à ces derniers, en remboursant par eux les frais de plantation feulement.

VIII.

NE font pareillement comprifes dans les articles IV & VI ci-deffus, les plantations faites, foit dans les avenues, chemins privés & autres terrains appartenans aux ci-devant Seigneurs, foit dans les parties de chemins publics qu'ils pourroient avoir achetées des riverains, à l'effet d'agrandir lefdits chemins & d'y planter; lefquelles plantations pourront être confervées & renouvellées par les propriétaires defdites avenues, chemins privés, terrains ou parties des chemins publics, en fe conformant aux règles établies fur les intervalles qui doivent féparer les arbres plantés d'avec les héritages voifins.

IX.

IL fera ftatué par une Loi particulière, fur les arbres plantés le long des chemins dits *Royaux*.

X.

LES adminiftrations de Département feront tenues de propofer au Corps légiflatif les mefures qu'elles jugeront les plus convenables, d'après les localités, & fur l'avis des Diftricts, pour empêcher, tant de la part des riverains & autres particuliers, que des Communautés d'habitans, toute dégradation des arbres dont la confervation intéreffe le Public, & pour pourvoir au remplacement de ceux qui auroient été ou pourroient être abattus; & cependant avons déclarés nuls & attentatoires à la Puiffance légiflative les Arrêts généraux du Parlement de Douay, des 12 Mai & 31 Juillet 1789, en ce qu'ils ont rendu les Communautés d'habitans du reffort de ce Tribunal, refponfables de plein droit de tous les dommages qu'éprouveroient les propriétaires de plantations. Faifons défenfes de donner à cet égard aucune suite, tant aux procédures faites, qu'aux Jugemens rendus en conséquence desdits Arrêts.

MANDONS & ordonnons à tous Corps administratifs & Municipalités, que ces Présentes ils fassent transcrire sur leurs Regiſtres, lire, publier & afficher dans leurs Resſorts & Départemens respectifs, & exécuter. En foi de quoi Nous avons figné & fait contreſigner cesdites Préſentes, auxquelles Nous avons fait appoſer le Sceau de l'Etat. A Paris, le quinzieme jour du mois d'Août, l'an de grace mil sept cent quatre-vingt-dix, & de notre regne le dix-ſeptieme. *Signé* LOUIS. *Et plus bas :* Par le Roi, GUIGNARD. Vu au Conſeil LAMBERT. Et ſcellées du Sceau de l'Etat.

Tranſcrits, oui & ce requérant Pierre de Laurencel, Sous-Doyen des Subſtituts du Procureur Général du Roi, pour être exécutés ſelon leur forme & teneur, imprimés, lus, publiés & affichés par-tout où beſoin ſera; & copies collationnées desdits Lettres Patentes & Décret envoyées aux Bailliages, Sénéchauſſées & Juſtices du reſſort pour y être pareillement tranſcrits ſur les regiſtres desdits Siéges & Juſtices, lus, publiés & affichés : Enjoint aux Subſtituts du Procureur Général du Roi eſdits Siéges, & aux Procureurs Fiſcaux eſdites Juſtices de s'y conformer, d'y tenir la main, & d'en certifier la Cour dans le mois, à la charge de réitérer la préſente tranſcription ſur les regiſtres de la Cour, à la rentrée d'icelle, ſuivant l'Arrêt de ce jour. A Paris, en Vacations, le vingt-huit Août mil ſept cent quatre-vingt-dix.

Signé DUFRANC.

A PARIS, chez N. H. NYON, Imprimeur du Parlement, rue Mignon-Saint-André des-Arcs. 1790.

LETTRES PATENTES
DU ROI,

Sur le Décret de l'Assemblée Nationale , du 6 Août 1790 , qui excepte les grandes Masses de Bois & Forêts nationales , de l'aliénation des Biens nationaux

Données à Saint–Cloud le vingt-trois Août 1790.

Transcrites en Parlement, en Vacations, le premier Septembre audit an.

LOUIS, par la grace de Dieu, & par la Loi conftitutionnelle de l'Etat, ROI DES FRANÇOIS : A tous ceux qui ces préfentes Lettres verront ; SALUT. L'Affemblée Nationale, après avoir entendu le rapport de fes Comités réunis des Domaines, de Marine, des Finances, de l'aliénation des Biens nationaux, & de Commerce & d'Agriculture ; confidérant que la confervation des Bois & Forêts eft un des projets le plus important & le plus effentiel aux befoins & à la fûreté du Royaume, & que la

Nation feule, par un nouveau régime & une adminiftration active & éclairée, peut s'occuper de leur
confervation, amélioration & repeuplement, pour
en former en même-temps une fource de revenu
public, a décrété, le 6 du préfent mois, & Nous
voulons & ordonnons ce qui fuit :

ARTICLE PREMIER.

LES grandes maffes des Bois & Forêts nationales font &
demeurent exceptées de la vente & aliénation des biens
nationaux, ordonnée par nos Lettres Patentes des 17 Mai &
25 Juillet derniers, fur les Décrets des 14 Mai, 25 & 26
Juin auffi derniers.

II.

TOUS les bocquetaux, toutes les parties de Bois nationaux
éparfes, abfolument ifolées & éloignées de mille toifes des
autres Bois d'une grande étendue, qui ne pourroient pas fup-
porter les frais de garde, & qui ne feront pas néceffaires pour
garantir les bords des fleuves, torrens & rivières, pourront
être vendus & aliénés fuivant les formes prefcrites par nofdites
Lettres Patentes, pourvu qu'ils n'excèdent point la contenance
de cent arpens, mefure d'ordonnance du Royaume, fauf à
prendre l'avis des Affemblées de Département, pour la vente
des parties de Bois dont la contenance excéderoit celle de cent
arpens. Quant aux Bois & Forêts de ladite contenance qui,
par leur pofition & la nature du fol, peuvent produire des
bois propres à la Marine, ils ne pourront être aliénés qu'après
avoir eu l'avis des Adminiftrations des Départemens, qui prendront celui des Diftricts dans lefquels ils font fitués.

III.

LESDITS cinq Comités de l'Affemblée Nationale réunis, préfenteront inceffamment le plan d'un nouveau régime & adminiftration des Bois, & de réforme de la Légiflation des Forêts, dont l'urgente & indifpenfable néceffité eft reconnue.

MANDONS & ordonnons à tous les Tribunaux, Corps adminiftratifs & Municipalités, que les Préfentes ils faffent tranfcrire fur leurs Regiftres, lire, publier & afficher dans leurs Refforts & Départemens refpectifs, & exécuter comme Loi du Royaume. En foi de quoi Nous avons figné & fait contrefigner cefdites Préfentes, auxquelles Nous avons fait appofer le Sceau de l'Etat. A Saint-Cloud, le vingt-troifième jour du mois d'Août, l'an de grace mil fept cent quatre-vingt-dix, & de notre regne le dix-feptieme. *Signé* LOUIS. *Et plus bas*, Par le Roi, GUIGNARD. Vu au Confeil, LAMBERT. Et fcellées du Sceau de l'Etat.

Tranfcrits, oui & ce requérant Pierre de Laurencel, Sous-Doyen des Subftituts du Procureur Général du Roi, pour être exécutés felon leur forme & teneur, imprimés, lus, publiés & affichés par-tout où befoin fera; & copies collationnées defdits Lettres Patentes & Décret envoyées aux Bailliages, Sénéchauffées & Siéges des Maîtrifes des

Eaux & Forêts du Reſſort de la Cour, pour y être pareillement tranſcrits ſur leurs Regiſtres, lus, publiés & affichés : Enjoint aux Subſtituts du Procureur Général du Roi èſditsSiéges de s'y conformer, d'y tenir la main, & d'en certifier la Cour dans le mois ; à la charge de réitérer la préſente tranſcription ſur les Regiſtres de la Cour, à la rentrée d'icelle, ſuivant l'Arrêt de ce jour. A Paris, en Vacations, le premier Septembre mil ſept cent quatre-vingt-dix.

Signé YSABEAU.

A PARIS, chez N. H. NYON, Imprimeur du Parlement, rue Mignon Saint-André-des-Arcs. 1790.

LETTRES PATENTES
DU ROI,

Sur le Décret de l'Assemblée nationale, du 29 Août dernier, en réformation de l'article X de celles du 15 dudit mois d'Août, sur le Décret du 26 Juillet précédent, relatif aux droits de propriété et voierie sur les chemins publics.

Données à Saint-Cloud, le 12 Septembre 1790.

LOUIS, par la grâce de Dieu, et par la Loi constitutionnelle de l'État, ROI DES FRANÇOIS: A tous ceux qui ces présentes Lettres verront; SALUT. L'Assemblée Nationale s'étant fait représenter le procès-verbal de sa séance du 26 Juillet dernier, contenant le Décret relatif aux droits de voierie et plantation d'arbres dans les chemins publics, déclare qu'il y a eu erreur dans la rédaction de l'article X dudit Décret, et par suite, dans les Lettres patentes dont il a été revêtu le 15 Août dernier, et que ledit article a été décrété ainsi qu'il suit, et Nous voulons et ordonnons:

ARTICLE X.

LES Administrations de Départemens seront tenues de proposer au Corps législatif les mesures qu'elles jugeront les plus convenables, d'après les localités, et sur l'avis des Districts, pour empêcher, tant de la part des Riverains et autres particuliers, que des Communautés d'habitans, toute dégradation des arbres dont la conservation intéresse le public, et pour pourvoir au remplacement de ceux qui auroient été ou pourroient être abattus ; et cependant les Municipalités ne pourront, à peine de responsabilité, rien entreprendre en vertu dudit Décret, que d'après l'autorisation expresse du Directoire de Département, sur l'avis de celui de District, qui sera donnée sur une simple requête, et après communication aux parties intéressées, s'il y en a.

MANDONS et ordonnons à tous Corps administratifs et Municipalités, que les présentes ils fassent transcrire sur leurs Registres, lire, publier et afficher dans leurs Ressorts et Départemens respectifs, et exécuter. En foi de quoi Nous avons signé et fait contresigner cesdites présentes, auxquelles Nous avons fait apposer le Sceau de l'État. A Saint-Cloud, le douzième jour du mois de Septembre, l'an de grâce mil sept cent quatre-vingt-dix, et de notre règne le dix-septième. *Signé* LOUIS. *Et plus bas,* Par le Roi, GUIGNARD. Vu au Conseil, LAMBERT. Et scellées du Sceau de l'État.

A PARIS, DE L'IMPRIMERIE ROYALE 1791.

LOI

Relative à l'estimation des Arbres fruitiers, plantés sur les rues ou chemins publics.

Donnée à Paris, le 19 Novembre 1790.

LOUIS, par la grâce de Dieu, & par la Loi conſtitutionnelle de l'État, ROI DES FRANÇOIS : A tous préſens & à venir ; SALUT.

L'ASSEMBLÉE NATIONALE a décrété, & Nous voulons & ordonnons ce qui ſuit :

DÉCRET DE L'ASSEMBLÉE NATIONALE, du 12 Novembre 1790.

L'ASSEMBLÉE NATIONALE, voulant faire ceſſer les difficultés qui ſe ſont élevées ſur l'exécution de l'article I V du Décret du 26 juillet dernier, décrète que l'eſtimation des Arbres fruitiers, plantés ſur les rues ou les chemins publics, que les propriétaires riverains voudront racheter, sera faite au capital au denier Dix du produit commun annuel desdits Arbres, formé sur les quatorze dernières années, déduction faite des deux plus fortes & des deux moindres, sauf les déductions que les Experts pourront admettre sur ledit capital, d'après les localités, l'âge & l'état des Arbres qu'il s'agira d'estimer.

NOUS avons sanctionné, & par ces présentes, signées de notre main, sanctionnons le présent Décret.

MANDONS & ordonnons à tous les Tribunaux, Corps administratifs & Municipalités, que ces présentes ils fassent transcrire sur leurs registres, lire, publier & afficher dans leurs ressorts & départemens respectifs, & exécuter comme Loi du Royaume. En foi de quoi Nous avons signé & fait contresigner lesdites présentes, auxquelles Nous avons fait apposer le Sceau de l'État. A Paris, le dix-neuvième jour du mois de novembre, l'an de grâce mil sept cent quatre-vingt-dix, & de notre règne le dix-septième. *Signé* LOUIS. *Et plus bas,* ✠ L'ARCHEVÊQUE DE BORDEAUX. Et scellées du Sceau de l'État.

A PARIS, DE L'IMPRIMERIE ROYALE. 1790.

LOI

Qui ordonne que les Délits commis ou qui se commettront dans les Bois & Forêts, seront poursuivis avec la plus grande célérité.

Donnée à Paris, le 25 Décembre 1790.

LOUIS, par la grâce de Dieu, & par la Loi constitutionnelle de l'État, ROI DES FRANÇOIS: A tous présens & à venir; SALUT. L'Assemblée Nationale a décrété, & Nous voulons & ordonnons ce qui suit:

DÉCRET de l'Assemblée Nationale, du 19 Décembre 1790.

L'ASSEMBLÉE NATIONALE voulant pourvoir à ce que les délits qui se font commis & se commettront dans les bois, soient poursuivis avec la plus grande activité, décrète provisoirement ce qui suit, en attendant l'établissement du nouveau régime qu'elle se propose de former pour l'administration des Forêts.

ARTICLE PREMIER.

TOUS les Gardes des bois & forêts reçus dans les

Maîtrifes & Grueries royales, dans les ci-devant juridictions des falines, & dans les ci-devant juftices feigneuriales, font tenus, fous les peines portées par les Ordonnances, de faire, dans la forme qu'elles prefcrivent, des rapports ou procès - verbaux de tous les délits & contraventions commis dans leurs arrondiffemens refpectifs. Les procès-verbaux feront rédigés en double minute, & feront affirmés, dans le délai de vingt-quatre heures, foit devant le plus prochain Juge de paix, ou l'un de fes Prud'hommes-affef-feurs ; & dans le cas où ils ne feroient point, en fonctions, devant le Maire ou autre Officier de la Municipalité la plus voifine du lieu du délit, foit devant un des Juges du tribunal du Diftrict dans le reffort duquel le délit aura été commis.

I I.

L'UNE des minutes des procès-verbaux ainfi affirmés, fera dépofée, dans la huitaine de leur date, au Greffe du tribunal de Diftrict dans le reffort duquel le délit aura été commis ; l'autre minute fur laquelle il fera fait mention de l'affirmation, fera envoyée, dans le même délai, par les Gardes, au Procureur du Roi de la Maîtrife, Gruerie, ou ci-devant juridiction des falines du reffort.

I I I.

SI dans quelque Communauté, il a été négligé de pré-pofer des Gardes en nombre fuffifant pour la garde de fes bois communaux, conformément à ce qui eft prefcrit par l'article XIV, du titre 25 de l'Ordonnance de 1669, le Directoire de District enjoindra à la Municipalité de convoquer, dans la huitaine, le Conseil général de la Commune, pour faire choix desdits Gardes; & faute par elle de satisfaire dans la huitaine à cette injonction, il sera procédé par le Directoire de District à la nomination desdits Gardes. Pourront lesdits Gardes ainsi nommés, faire, après leur réception, des rapports & procès-verbaux de tous les délits commis dans les bois du territoire pour lequel ils auront été institués.

IV.

LES Gardes nommés depuis que les tribunaux de District sont en activité, prêteront serment devant eux, & y seront reçus sans frais; les actes de leur nomination & réception seront en outre enregistrés sans frais au Greffe de la Maîtrise, Gruerie royale, ou ci-devant juridiction des salines du ressort.

V.

L'ACTION en réparation des délits ci-devant commis dans les bois & forêts, sera formée incessamment, si fait n'a été, devant le tribunal du District dans le territoire duquel ils auront été commis; & par rapport à ceux qui se commettront par la suite, elle sera formée devant ce même tribunal, dans la quinzaine au plus tard de l'envoi du procès-verbal au Procureur du Roi de la Maîtrise, Gruerie royale, ou ci-devant juridiction des salines.

VI.

L'ACTION sera intentée à la requête du Procureur du Roi de la Maîtrise, Gruerie royale, ou ci-devant juridiction des salines, avec élection de domicile en la maison du Commiſſaire du Roi près le tribunal du Diſtrict, ſans que ledit Procureur du Roi ſoit aſtreint en aucun cas à ſe pourvoir préalablement devant le Bureau de paix, & ſans la préven‑ tion de l'accuſateur public, lorſqu'il y aura ouverture à la voie criminelle. Pourront au ſurplus, les particuliers à qui les délits feront éprouver un dommage perſonnel, en pour‑ ſuivre eux-mêmes la réparation par les voies de droit.

V I I.

LORSQUE l'action aura été intentée à la requête du Procureur du Roi de la Maîtriſe, Gruerie, ou ci-devant juridiction des ſalines, elle ſera pourſuivie & jugée à la dili‑ gence & ſur la réquiſition du Commiſſaire du Roi, à l'effet de quoi ledit Procureur du Roi ſera tenu d'adreſſer au Commiſſaire du Roi toutes les pièces néceſſaires à la pour‑ ſuite de l'affaire.

V I I I.

AUSSITÔT après que le jugement aura été rendu, le Commiſſaire du Roi le fera expédier, & le tranſmettra au Procureur du Roi, à la requête de qui l'action aura été intentée, & le Procureur du Roi fera exécuter ce jugement dans les formes preſcrites par les ordonnances. Les Pro‑ cureurs du Roi ſeront rembourſés de leurs avances par la caiſſe de l'Adminiſtration des domaines, ſur un état certifié d'eux, arrêté par le Directoire de Diſtrict, & viſé par le Directoire de Département.

L'ASSEMBLÉE NATIONALE charge les tribunaux de Diſtrict d'apporter la plus grande célérité au jugement des inſtances civiles & criminelles introduites par-devant eux, pour raiſon des délits commis dans les bois, de ſe conformer ſtrictement aux diſpoſitions des loix rendues pour la conſervation des bois & forêts, & de prononcer contre les délinquans les peines y portées.

X.

Le triage des papiers & minutes des Greffes des Maîtriſes des eaux & forêts, Grueries royales, & ci-devant juridictions des ſalines, auquel il doit être procédé inceſſamment, en exécution du Décret du 12 octobre dernier, ſera fait par deux Commiſſaires nommés, l'un par le Tribunal de Diſtrict, l'autre par la Maîtriſe, Gruerie royale, ou ci-devant juridiction des ſalines. Ceux deſdits papiers & minutes qui concernent l'exercice de la juridiction, ſeront remis au Commiſſaire du tribunal de Diſtrict, lequel en donnera ſa décharge au bas de l'un des deux états qui en auront été dreſſés ; & cet état ainſi déchargé, reſtera dépoſé au Greffe de la Maîtriſe, Gruerie royale, ou juridiction des ſalines, ainſi que les papiers qui ſont relatifs à l'adminiſtration. Il en ſera de même proviſoirement des papiers concernant la juridiction, qui ſe trouveront être communs à pluſieurs Diſtricts, & ſur le dépôt définitif deſquels l'Aſſemblée Nationale ſe réſerve de ſtatuer en même temps que ſur celui des papiers d'adminiſtration.

X I.

L'Assemblée Nationale charge ſon Préſident de porter, dans le jour, le préſent Décret à la ſanction royale.

Mandons & ordonnons à tous les Tribunaux,

Corps administratifs & Municipalités , que les présentes ils fassent transcrire sur leurs regiftres, lire publier & afficher dans leurs Reflorts & Départemens respectifs , & exécuter comme Loi du Royaume. En foi de quoi Nous avons figné & fait contresigner cesdites présentes, auxquelles Nous avons fait appofer le Sceau de l'Etat. A Paris , le vingt-cinquième jour du mois de décembre , l'an de grâce mil sept cent quatre-vingt-dix , & de notre règne le dix-septième. Signé LOUIS. Et plus bas , M. L. F. DuPort. Et scellées du Sceau de l'Etat.

A PARIS, DE L'IMPRIMERIE ROYALE. 1790.

LOI

Concernant le Rapport des Gardes, pour délits commis dans les Bois.

Donnée à Paris, le 5 Janvier 1791.

LOUIS, par la grâce de Dieu, & par la Loi conftitutionnelle de l'État, ROI DES FRANÇOIS : A tous préfens & à venir ; SALUT. L'Affemblée Nationale a décrété, & Nous voulons & ordonnons ce qui fuit.

DÉCRET de l'Affemblée Nationale, du 27 Décembre 1790.

L'ASSEMBLÉE NATIONALE, après avoir entendu fon Comité des Domaines, déclare que par fon Décret du 19 de ce mois, elle n'a entendu déroger, quant-à- préfent, à l'ufage obfervé dans quelques Départemens, de faire rédiger au Greffe les rapports des Gardes, concer- nant les délits commis dans les bois ; elle décrète en conféquence, que jufqu'à ce qu'il y ait été autrement pourvu , les rapports des Gardes pourront dans lesdits Départemens être reçus, rédigés & écrits par le Greffier du Juge de paix du canton où le délit aura été commis , dans la forme ci-devant usitée ; qu'au surplus , les formalités prescrites pour l'affirmation & le dépôt , feront observées à l'égard desdits rapports , comme pour les procès-verbaux rédigés par les Gardes.

MANDONS & ordonnons à tous les Tribunaux , Corps administratifs & Municipalités, que les présentes ils fassent transcrire sur leurs Registres , lire , publier & afficher dans leurs ressorts & départemens respectifs, & exécuter comme Loi du Royaume. En foi de quoi Nous avons signé & fait contresigner cesdites présentes, auxquelles Nous avons fait apposer le Sceau de l'Etat. A Paris , le cinquième jour du mois de janvier , l'an de grâce mil sept cent quatre-vingt-onze , & de notre règne le dix - septième. *Signé* LOUIS. *Et plus bas ,* M. L. F. DuPort. Et scellées du Sceau de l'État.

A PARIS, DE L'IMPRIMERIE ROYALE. 1791.

L O I

Relative aux Ventes & Adjudications des Bois Nationaux.

Donnée à Paris, le 19 Janvier 1791.

LOUIS, par la grâce de Dieu, & par la Loi conftitutionnelle de l'Etat, ROI DES FRANÇOIS : A tous préfens & à venir ; SALUT.

L'ASSEMBLÉE NATIONALE a décrété, & Nous voulons & ordonnons ce qui fuit :

DÉCRET DE L'ASSEMBLÉE NATIONALE, du 15 Janvier 1791.

L'ASSEMBLÉE NATIONALE voulant diffiper les doutes qui fe font élevés dans quelques endroits, fur l'interprétation de fes Décrets concernant la forme dans laquelle il doit être provifoirement procédé aux ventes & adjudications des coupes des Bois nationaux, après avoir entendu fon Comité des Domaines, déclare que les Officiers des Eaux & Forêts doivent continuer, comme par le paffé, de procéder aux ventes & adjudications des coupes de Bois nationaux qui ont toujours été faites devant eux; & que, quant aux ventes & adjudications qui ne fe faifoient point devant eux, il y doit être procédé par le Directoire de Diftrict délégué à cet effet par le Directoire de Département, en préfence de deux Officiers au moins, du nombre de ceux qui auront fait les opérations préparatoires, ou eux duement appellés; & en ce qui concerne les approviſionnemens des Arfenaux de marine en bois de conftruction, l'Affemblée décrète qu'avant l'ouverture des adjudications, les prépofés de la marine feront admis, comme par le paffé, à marquer dans les Forêts nationales, & à réclamer, pour le fervice de l'État, les bois reconnus propres à la conftruction des vaiſſeaux de guerre, & ce, aux prix convenus de gré à gré, ou à dire d'experts.

Se réferve enfin l'Affemblée Nationale de régler les falaires & les vacations des Officiers des Eaux & Forêts, d'après le tarif qu'elle en arrêtera, & qui lui fera propofé par le Comité des Domaines.

MANDONS & ordonnons à tous les Tribunaux, Corps adminiftratifs & Municipalités, que les préfentes ils faffent tranfcrire fur leurs regiftres, lire, publier & afficher dans leurs refforts & départemens refpectifs, & exécuter comme Loi du Royaume. En foi de quoi Nous avons figné & fait contrefigner cefdites préfentes, auxquelles Nous avons fait appofer le Sceau de l'Etat. A Paris, le dix-neuvième jour

du mois de janvier, l'an de grâce mil sept cent
quatre-vingt-onze, & de notre règne le dix-septième.
Signé LOUIS. *Et plus bas ,* M. L. F. DuPort,
Et scellées du Sceau de l'Etat.

A PARIS,
DE L'IMPRIMERIE ROYALE,

M. DCC. XCI.

LOI

Relative aux ci-devant Droits de chauffage, pâturage & usage qui s'exerçoient dans les Bois & autres Domaines nationaux, & qui déclare nulles toutes ventes qui pourroient avoir eté faites de ces mêmes droits.

Donnée à Paris, le 27 Mars 1791.

LOUIS, par la grâce de Dieu, & par la Loi constitutionnelle de l'État, ROI DES FRANÇOIS : A tous préfens & à venir ; SALUT.

L'ASSEMBLÉE NATIONALE a décrété, & Nous voulons & ordonnons ce qui fuit :

DÉCRET DE L'ASSEMBLÉE NATIONALE,
du 16 Mars 1791.

L'ASSEMBLÉE NATIONALE, après avoir ouï fon Comité des Domaines, déclare :

Qu'aucun droit de chauffage, pâturage, ou autres droits d'ufage, de quelque nature qu'il foit, dans les bois & autres domaines nationaux, non plus qu'aucune rente ou redevance affectées fur les mêmes biens, n'ont dû être compris dans les ventes des biens nationaux, & que toute vente de femblables droits ou redevances qui pourroit avoir été paffée, eft & demeure nulle & révoquée.

MANDONS & ordonnons à tous les Tribunaux, Corps adminiftratifs & Municipalités, que les préfentes ils faffent tranfcrire fur leurs regiftres, lire, publier & afficher dans leurs refforts & départemens refpectifs, & exécuter comme Loi du Royaume. En foi de quoi Nous avons figné & fait contrefigner cefdites préfentes, auxquelles Nous avons fait appofer le Sceau de l'État. A Paris, le vingt-feptième jour du mois de mars, l'an de grâce mil fept cent quatre-vingt-onze, & de notre règne le dix-feptième. *Signé* LOUIS. *Et plus bas*, M. L. F. Du PORT. Et fcellées du Sceau de l'État.

Certifié conforme à l'original.

A PARIS,
DE L'IMPRIMERIE ROYALE,

M. DCC. XCI.

L O I

SUR L'ADMINISTRATION FORESTIÈRE.

Donnée à Paris, le 29 Septembre 1791.

LOUIS, par la grâce de Dieu et par la Loi constitutionnelle de l'Etat, ROI DES FRANÇAIS : A tous présens et à venir, SALUT.

L'ASSEMBLÉE NATIONALE a décrété, et Nous voulons et ordonnons ce qui suit :

DÉCRET DE L'ASSEMBLÉE NATIONALE, des 20 *Août*, 2, 3, 4 *et* 15 *Septembre* 1791.

L'ASSEMBLÉE NATIONALE, ouï le rapport de ses comités réunis des domaines, de la marine, des finances, de l'aliénation des biens nationaux et d'agriculture, décrète ce qui suit :

TITRE PREMIER.

Des Bois soumis au régime forestier.

ARTICLE PREMIER.

Les forêts et bois dépendant du ci-devant domaine de la couronne, et des ci-devant apanages, ceux ci-devant possédés par les bénéficiers

A

corps et communautés ecclésiastiques, séculiers ou réguliers, et généralement tous les bois qui font ou pourront faire du domaine national,
seront l'objet d'une administration particulière.

II. Les bois tenus du ci-devant domaine de la couronne, à titre de
concession, ou engagement, usufruit ou autre titre révocable, seront
soumis à la même administration.

III. Les bois possédés en gruerie, grairie, segrairie, tiers et danger
ou indivis entre la Nation et des communautés, y seront pareillement
soumis.

IV. Les bois appartenant aux communautés d'habitans, seront soumis
à ladite administration, suivant ce qui sera déterminé.

V. Il en sera de même des bois possédés par les maisons d'éducation et de charité, par les établissemens de main-morte étrangers, et
par l'ordre de Malte.

VI Les bois appartenant aux particuliers cesserout d'y être soumis,
et chaque propriétaire sera libre de les administrer et d'en disposer à
l'avenir comme bon lui semblera.

TITRE II.

Orgauisation de l'Administration forestière.

ARTICLE PREMIER.

IL y aura sous les ordres du Roi, une administration centrale sous
le titre de *Conservation générale des foréts* ; ses membres seront au
nombre de cinq, et auront le titre de commissaires de la conservatiou
générale.

II. Les commissaires de la conservation n'agiront qu'en vertu de délibération prise en commun, à la pluralité des suffrages et tiendront

registre de leurs délibérations, qui seront signées par les membres présens à chaque séance.

III. Ils nommeront leur président annuellement, et le même membre ne pourra être réélu qu'après un an d'intervalle.

IV. Il y aura un secrétaire attaché à la conservation, lequel sera chargé de tenir les registres des délibérations, de signer les expéditions et du dépôt des papiers, sous les précautions qui seront jugées convenables.

V. Il y aura sous les ordres de la conservation générale, un nombre de conservateurs proportionné à l'étendue et à la distance relative des forêts, dans les départemens où ils seront employés.

VI. Il sera établi sous chaque conservateur un nombre suffisant d'inspecteurs, déterminé sur les mêmes bases.

VII. Il sera établi sous chaque inspecteur, le nombre de gardes nécessaires à la conservation des bois.

VIII. Le nombre et la répartition des préposés de la conservation générale, seront fixés par un décret particulier, sauf les changemens qui pourront être faits dans la suite, après avoir pris l'avis des commissaires.

IX. En attendant le bornage général des bois et des coupes en dépendant, il y aura dans chaque division forestière un nombre suffisant d'arpenteurs attachés au service de la conservation.

X. Il y aura auprès des conservateurs une ou plusieurs places d'élèves ; lesquels travailleront sous leurs ordres pour acquérir les connaissances propres à être admis aux emplois. Le nombre en sera déterminé par la conservation générale.

XI. Lorsqu'un élève aura trois ans d'activité et l'âge qui sera ci-après fixé, il pourra lui être délivré une commission de suppléant, en vertu de laquelle il sera susceptible de remplir les fonctions des inspecteurs, lorsqu'il sera délégué à cet effet.

XII. Les préposés de la régie d'enregistrement dans chaque district, seront chargés du recouvrement des produits, pour en faire le versement, ainsi que des autres deniers de leur recette.

XIII. Les corps administratifs rempliront les fonctions de surveillance et autres qui leur sont déléguées.

TITRE III.

Nomination aux emplois, incompatibilité et révocation.

ARTICLE PREMIER.

Tous les agens de l'administration forestière devront être âgés de vingt-cinq ans accomplis, avoir prêté le serment civique, être instruits des lois concernant le fait de leur emploi, et avoir les connaissances forestières nécessaires.

II. Les commissaires de la conservation générale seront nommés par le Roi ; ils seront choisis, pour cette fois, parmi les personnes ayant le plus de connaissance dans l'administration des forêts. A l'avenir, ils seront pris parmi les conservateurs, et à compter du premier Janvier 1797, parmi ceux qui auront au moins cinq ans d'exercice en cette qualité.

III. La conservation générale nommera son secrétaire et les employés des bureaux.

IV. Les conservateurs seront nommés par le Roi, entre trois sujets qui lui seront présentés par la conservation générale, et qui, pour cette fois et jusqu'au premier Janvier 1797, seront pris parmi les sujets les plus expérimentés dans la matière forestière ; après cette époque, il ne pourra être présenté pour les places de conservateurs, que des inspecteurs ayant au moins cinq ans d'exercice en cette qualité.

V. La conservation générale nommera à toutes les autres places, sauf ce qui sera statué relativement aux gardes des bois mentionnés aux titres X, XII, XIII.

VI. A compter du premier Janvier 1797, les inspecteurs ne pourront être nommés que parmi les élèves ayant au moins trois ans d'activité, et ils devront connaître les règles et la pratique de l'arpentage. Jusqu'à cette époque, la conservation générale dirigera ses choix comme il est dit dans l'article IV, et pourra donner des commissions de suppléant hors la classe des élèves.

VII. Les gardes seront nommés parmi des personnes domiciliées dans le département où ils seront employés, ou parmi d'anciens militaires ; la conservation générale s'assurera de leur capacité, et ils devront produire un certificat de bonne conduite, délivré par le directoire de leur district.

VIII. Les gardes actuellement en place continueront leurs fonctions, sauf les changemens qui seront jugés nécessaires dans la distribution de leur service.

IX. Les gardes, après cinq ans d'exercice, seront susceptibles d'être nommés aux places d'inspecteurs, comme les élèves, lorsqu'ils réuniront les connaissances requises.

X. Immédiatement après la nomination des commissaires de la conservation générale : le Roi en donnera connaissance au Corps législatif; le ministre donnera connaissance de celle des conservateurs, aux départemens dans lesquels ils devront exercer leurs fonctions, et la conservation générale donnera, tant aux départemens qu'aux districts, l'état des inspecteurs et des gardes qui exerceront dans leurs arrondissemens ; elle fera pareillement connaître aux municipalités les gardes qui devront exercer dans leur territoire.

XI. Les agens de la conservation fourniront des cautionnemens en immeubles ; savoir, les commissaires jusqu'à concurrence de quarante mille livres, les conservateurs jusqu'à concurrence de vingt mille livres, les inspecteurs jusqu'à concurrence de six mille livres, les arpenteurs jusqu'à concurrence de deux mille livres, et les gardes jusqu'à concurrence de trois cents livres.

XII. Les divers agens de la conservation prêteront serment devant le tribunal de district de leur résidence, de remplir avec exactitude et fidélité les fonctions qui leur seront confiées ; ils seront tenus de représenter au tribunal l'acte de leur nomination, celui de leur cautionnement, leur extrait de naissance et l'acte de leur serment dans le grade qu'ils auront dû remplir auparavant, ou leur commission d'élève ; s'il s'agit de passer à des fonctions de suppléans ou à la place d'inspecteurs, les commissaires du Roi seront préalablement ouïs.

XIII. Toutes les places de la conservation forestière seront incompatibles avec celles de membres des Corps administratifs, des municipalités et des tribunaux ; et ceux qui pourront être nommés à ces différentes places, seront tenus d'opter.

XIV. Nul agent de la conservation ne pourra tenir hôtellerie ni auberge, vendre des boissons en détail, faire le commerce des bois, ni exercer ou faire exercer aucun métier à bois, directement ni indirectement, à peine de destitution.

XV. Nul propriétaire ou fermier de forges, fourneaux, verreries ou autres usines à feu, ni les associés ou cautions des baux d'aucunes de ces usines, ne pourront obtenir ni exercer aucune place dans la conservation forestière.

XVI. Un inspecteur ne pourra être employé sous un conservateur, son parent ou allié en ligne directe, ou au degré de frère ou d'oncle et neveu : il en sera de même des gardes relativement aux inspecteurs.

XVII. Toutes les places de la conservation seront à vie, et néanmoins les employés pourront être révoqués, ainsi qu'il va être déterminé.

XVIII. La révocation des commissaires et des conservateurs ne pourra être faite que par le roi, sur l'avis de la conservation générale ; les autres préposés, ainsi que les gardes de tous les bois soumis au régime forestier, pourront être révoqués par une simple délibération de ladite conservation. Les membres présens à la délibération ne pourront être moins de quatre.

XIX. Les conservateurs pourront provisoirement suspendre les gardes de leurs fonctions, et commettre à leur remplacement, à la charge d'en donner incessamment avis à la conservation générale pour statuer définitivement.

TITRE IV.

Fonctions des Gardes.

ARTICLE PREMIER.

Les gardes résideront dans le voisinage des forêts et triages confiés à leur garde : le lieu de leur résidence sera indiqué par le conservateur de l'arrondissement.

II. Ils seront tenus de faire des visites journalières dans l'étendue de leur garde, pour prévenir et constater les délits et reconnaître les délinquans.

III. Ils dresseront jour par jour des procès-verbaux de tous les délits qu'ils reconnaîtront.

IV. Ils spécifieront dans leurs procès-verbaux le jour de la reconnaissance et le lieu de délit, les personnes et le nombre des délinquans, lorsqu'ils seront parvenus à les connoître ; l'essence ou la grosseur des bois coupés ou enlevés, les instrumens, voitures et attelages employés, la qualité et le nombre des bestiaux en délit, et généralement toutes les circonstances propres à faire connaître les délits et les délinquans.

V. Ils suivront les bois de délit dans les lieux où ils auront été transportés, et les mettront en séquestre ; mais ils ne pourront s'introduire dans les ateliers, bâtimens et cours adjacentes, qu'en présence d'un officier municipal, ou par autorité de justice.

VI. Ils séquestreront, dans le cas fixé par la loi, les bestiaux trouvés en délit, ainsi que les instrumens, voitures et attelages des délinquans.

VII. Ils signeront leurs procès-verbaux, et les affirmeront dans les vingt-quatre heures, pardevant le juge-de-paix du canton de leur domicile, et à son défaut, pardevant l'un de ses assesseurs.

VIII. Lorsqu'un procès-verbal de séquestre aura été fait en présence d'un officier municipal, ledit officier y sera dénommé, et le garde prendra sa signature avant l'affirmation, à moins que ledit officier ne sache ou ne veuille signer; et alors il en sera fait mention.

IX. Lorsqu'un garde aura saisi des bestiaux, instrumens, voitures ou attelages, il les mettra en séquestre dans le lieu de la résidence du juge-de-paix; et aussitôt après l'affirmation de son procès-verbal, il en sera fait une expédition qui demeurera entre les mains du greffier, pour en être donné communication à ceux qui réclameront les objets saisis.

X. Les gardes auront un registre d'ordre qui leur sera livré par la conservation générale. et qu'ils feront coter et parapher à chaque feuillet par le président du directoire de leur district, sur lequel ils transcriront régulièrement leurs procès-verbaux selon leur date; ils signeront chaque transcription, et inscriront en marge du procès-verbal le folio de son enregistrement.

XI. Ils feront parvenir leurs procès-verbaux dûment affirmés, à leur inspecteur, au plus tard dans la huitaine de leur date, et inscriront en marge de la transcription, sur leur registre, la date de l'affirmation et de l'envoi.

XII. Ils constateront régulièrement, sur le même registre, les chablis ou arbres abattus par les vents dans l'étendue de leur garde, et en donneront avis à leur inspecteur. Ils veilleront à la conservation desdits arbres, ainsi qu'à celle de tous bois gissant dans les forêts.

XIII. Ils assisteront à toute réquisition les préposés de la conservation dans leurs fonctions, ainsi que les commissaires des corps administratifs dans les visites qu'ils feront dans les forêts, ils exhiberont leurs registres et signeront, lorsqu'ils en seront requis, les procès-verbaux qui seront dressés, ou diront la cause de leurs refus.

XIV. En cas d'empêchement par maladie, les gardes en donneront avis à l'inspecteur, au plus tard dans les trois jours, pour faire suppléer à leur service par les gardes voisins, qui seront tenus de se conformer aux ordres qui leur seront donnés pour cet effet.

XV. Les gardes ne pourront s'absenter du lieu de leur service sans nécessité et sans la permission de l'inspecteur; cette permission ne pourra

être

être donnée au-delà de huit jours , que par le conservateur. Il sera suppléé au service de l'absent , comme il est dit dans l'article précédent.

TITRE V.

Fonctions des Inspecteurs.

ARTICLE PREMIER.

Les inspecteurs seront tenus de résider dans les districts où ils exerceront leurs fonctions, au lieu qui leur sera indiqué par la conservation générale.

II. Ils veilleront à l'exactitude du service des gardes , et feront suppléer ceux qui se trouveront empêchés ou absens.

III. Ils visiteront chaque mois les bois de leur inspection, et réitéreront leurs visites toutes les fois qu'il sera nécessaire.

IV. Ils se feront accompagner de proche en proche , dans leurs visites , par les gardes dont ils se feront représenter les registres ; ils vérifieront l'état des forêts , et en rendront compte , ainsi que de l'état des bornes et clôtures ; ils constateront les délits et accidens que les gardes auraient négligé de constater , pour les en rendre responsables.

V. Ils vérifieront spécialement les coupes et exploitations , rendront compte de leur état, et constateront les malversations qui pourraient y être commises.

VI. Ils dresseront , lors de chaque visite , l'état exact des chablis et arbres de délit, qui auront été reconnus.

VII. Ils constateront annuellement l'état des glandées , et donneront leur avis sur le nombre des porcs qu'ils estimeront pouvoir être mis en panage dans les forêts.

VIII. Ils procéderont , chacun dans leur inspection , à l'assiette des

Administration forestière.   B

coupes, conformément aux ordres que le conservateur leur transmettra de la part de la conservation générale.

IX. Ils feront les balivages et martelages des ventes assises ; pour cet effet, ils auront chacun un marteau particulier qui leur sera remis par la conservation générale, et dont ils déposeront l'empreinte, tant au secrétariat de leur département, qu'au secrétariat des directoires et au greffe des tribunaux de leurs districts respectifs.

X. L'inspecteur local procédera aux balivage et martelage, conjointement avec un autre inspecteur qui sera délégué à cet effet. Les deux préposés marqueront, chacun de leur marteau, les arbres qui devront l'être, sauf les baliveaux de l'âge des taillis, qui pourront n'être marqués que d'un seul marteau.

XI. Les inspecteurs rempliront les formalités nécessaires pour parvenir aux ventes ; ils assisteront les conservateurs lors des adjudications, et les suppléeront lorsqu'ils en seront chargés.

XII. Ils assisteront les conservateurs dans leurs opérations de récolement. Lorsque le conservateur ne vaquera pas auxdites opérations, l'inspecteur qui sera délégué pour le remplacer, sera pareillement assisté de l'inspecteur local.

XIII. Les inspecteurs rempliront les autres fonctions forestières qui leur seront déléguées par la conservation générale.

XIV. Ils dresseront des procès-verbaux particuliers de leurs visites et opérations.

XV. Ils auront des registres qui leur seront délivrés par la conservation générale, et qu'ils feront coter et parapher par le président du directoire de leur district ; ils y enregistreront leurs différens procès-verbaux par ordre de date. L'inspecteur local sera chargé de l'enregistrement des procès-verbaux de balivage, ainsi que de ceux de récolement ; ils signeront leurs enregistremens, et en rapporteront le folio en marge des procès-verbaux.

XVI. Ils auront des registres différens ; savoir, un pour ce qui regarde les bois nationanx actuellement possédés par l'Etat, ou concédés à titre révocable, un second pour les bois indivis, et un troisième pour les autres bois soumis au régime forestier.

XVII. Ils adresseront leurs procès-verbaux de visite de chaque mois à leur conservateur, dans la première quinzaine du mois suivant, et en adresseront en même temps une copie certifiée au directoire de leur district.

XVIII. Ils déposeront les plans et procès-verbaux d'assiette, balivage récolement au secrétariat du directoire du district, dans la quinzaine après la clôture des opérations, et en enverront préalablement copie certifiée aux conservateurs. Ils inscriront en marge de leurs enregistremens, la mention et la date des envois énoncés dans les deux articles précédens.

XIX. Les inspecteurs se chargeront, sur un registre particulier, également coté et paraphé, de la réception des procès-verbaux qui leur seront envoyés ou remis par les gardes, et ils en feront mention sur les procès-verbaux

XX. Les inspecteurs seront tenus d'assister leurs supérieurs en fonctions, à toute réquisition, ainsi que les commissaires des corps administratifs, dans les descentes et vérifications que lesdits commissaires pourront faire dans l'étendue de l'inspection ; ils seront tenus de leur exhiber leurs registres, s'ils en sont requis, et de signer de même les procès-verbaux qui seront dressés, ou d'exprimer la cause de leur refus.

XXI. Si les inspecteurs ne pouvaient vaquer à leurs fonctions pour cause de maladie, ils en donneront avis au conservateur, pour être remplacés par d'autres inspecteurs, ou par des suppléans, lesquels seront tenus de se conformer aux ordres qu'ils recevront.

XXII. Ils ne pourront s'absenter de leur arrondissement sans cause légitime, et ne pourront le faire plus de huit jours sans la permission du conservateur, et plus de vingt jours sans celle de la conservation générale ; il sera suppléé à leur absence, comme il est en l'article précédent.

TITRE VI.

Fonctions des Conservateurs.

ARTICLE PREMIER.

LES conservateurs feront leur résidence dans l'un des chefs-lieux de département de lenr arrondissement, qui sera indiqué par la loi.

II. Ils surveilleront avec exactitude le service des préposés de cet arrondissement, et feront suppléer ceux qui ne pourront pas vaquer à leurs fonctions.

III. Ils correspondront avec la conservation générale, l'instruiront de l'ordre et l'ekactitude du service, ainsi que de tout ce qui pourra intéresser la conservation, l'exploitation et l'amélioration des bois, et transmettront et exécuteront les ordres qu'ils en recevront.

IV. Ils feront au moins une visite génerale par année dans l'étendue de leur arrondissement, et y feront des visites particulières toutes les fois que le bien du service l'exigera.

V. Ils se feront accompagner dans leurs visites, par les inspecteurs et par les gardes, de proche en proche; ils examineront leurs registres, qu'ils se feront représenter, ainsi que les procès-verbaux des gardes; ils vérifieront l'état des forêts, bornages et clôtures, les délits commis dans l'intervalle d'une journée à l'autre, l'état particulier des assiettes, balivages et martelages, coupes et exploitations, et s'assureront si les règlemens sont observés, et si les délits, abus ou malversations ont été duement constatés par les gardes et par les inspecteurs, chacun pour ce qui les concerne.

VI. Ils rendront compte de leurs vérifications, et constateront exactement les délits, malversations, contraventions ou négligences q'ils reconnaitront.

VII. Ils donneront aux préposés qui leur sont subordonnés tous les avis qu'ils jugeront bons être ; et dans les cas où ils les trouveront en malversation ou négligence, ils en instruiront incessament la conservation générale pour aviser au parti convenable.

VIII. Les conservateurs, en procédant à leurs visites, feront l'examen et rendront compte des changemens de coupes et aménagemens, des coupes extraordinaires, des travaux de recepage, repeuplement, dessèchement ou vuidange, et des autres améliorations dont les forêts leur paraîtront susceptibles ; ils s'informeront et rendront pareillement compte du prix du bois dans les principaux lieux de chaque département.

IX. Ils vérifieront et indiqueront les cantons défensables dans les pâturages, et en feront publier ls déclaration dans les communautés usagères.

X. Les conservateurs, à la suite de leurs visites, indiqueront aux inspecteurs l'assiette des coupes de l'année suivante, conformément aux ordres qu'ils auront récus de la conservation générale.

XI. Ils auront un marteau particulier qui leur sera remis par la conservation générale, duquel ils déposeront l'empreinte, tant au secrétariat des directoires de département, qu'au secretariat des directoires et au greffe des tribunaux de district, dans l'étendue de leur arrondissement, pour s'en servir dans les opérations qui le requerront.

XII. Ils donneront les ordres nécessaires pour les balivages et martelages, et commettront l'inspecteur local auxdites opérations en leur présence, lorsque le bien du service l'exigera.

XIII. Ils indiqueront le jour des adjudications ; ils en préviendront les directoires du département et du district où les coupes seront assises, et donneront les ordres nécessaires pour les affiches et publications.

XIV. Ils dresseront les cahiers des charges et conditions des adjudications, et en feront remettre copie au secrétariat du district où elles devront être passées, pour que les marchands et enchérisseurs puissent en prendre connaissance ; ils feront viser lesdits cahiers par le procureur-syndic et par un membre du directoire du district.

XV. Ils assisteront aux enchères et adjudications, et ne laisseront allumer les feux que lorsque la mise à prix leur paraîtra se rapprocher de la valeur des bois à adjuger.

XVI. Ils feront incessamment procéder aux adjudications des chablis et arbres de délit gissant dans les forêts, ou saisis sur les délinquans, et à celle des panages et glandées.

XVII. Ils pourront commettre les inspecteurs de leur arrondissement pour les adjudications énoncées en l'article précédent et autres semblables menus marchés ; mais ils ne pourront être substitués pour les ventes ordinaires ou extraordinaires que par commission de la conservation générale, hors les cas pressans de nécessité, où ils pourront se faire suppléer par l'inspecteur local.

XVIII. Ils feront, autant qu'ils le pourront, les récolemens des ventes usées, assistés de l'inspecteur local qui aura fait l'assiette ; et lorsqu'ils n'y vaqueront pas, ils commettront l'inspecteur qui devra les remplacer, ainsi que l'arpenteur qui sera chargé de réarpentage au nom de la conservation générale.

X X. Ils seront tenus de commettre pour le récolement, un autre inspecteur que celui qui aura assisté l'inspecteur local lors des balivage et martelage, et ils commettront pareillement pour le réarpentage un autre arpenteur que celui qui aura procédé à l'assiette.

XX. Les conservateurs donneront leur consentement à la délivrance des congés de cour ou décharges d'exploitation, lorsqu'ils trouveront que les adjudicataires auront satisfait à leurs obligations.

XXI. Ils vaqueront à toutes les commissions particulières dont ils seront chargés par la conservation générale.

XXII. Ils dresseront des procès-verbaux circonstanciés des visites et opérations dont ils sont chargés.

XXIII. Ils auront pour chaque département des registres qui leur seront remis par la conservation générale ; ils les feront coter et parapher par le président du directoire du département ; ils y enregistreront leurs procès-verbaux par ordre de date, et rapporteront en marge de chaque procès-verbal le folio de son enregistrement. Ces registres seront au nombre de trois, ainsi qu'il est dit en l'article XVI du titre précédent.

XXIV. Ils adresseront tous les trois mois à la conservation générale, les résultats des visites des inspecteurs de leurs arrondissemens, avec l'état des ventes de chablis et arbres de délit qui auront eu lieu d'un trimestre à l'autre, et feront partiellement les mêmes expéditions au directoire de chaque département.

XXV. Au plus tard, dans les deux mois de la clôture de leurs visites, les conservateurs en adresseront les procès-verbaux, à la conservation générale, et en expédieront des copies certifiées aux directoires de départemens, pour ce qui concernera chacun d'eux. Ils inscriront la date de ces envois en marge des enregistremens prescrits par l'article précédent.

XXVI. Dans le mois de la clôture des adjudications, ils en dresseront l'état, contenant l'indication et la contenance des coupes, la quantité des arbres vendus ou réservés, les nom, surnom et demeure des adjudicataires, avec le montant du prix des ventes, et les termes dans lesquels il doit être payé. Ils adresseront un double certifié de cet état, à la conservation générale, et un pareil double à chaque directoire de département, pour ce qui le concernera.

XXVII. Incessamment après les récollemens, ils dresseront l'état des surmesures ou défauts de mesures qui se seront trouvés dans les ventes, et en enverront expédition certifiée, tant à la conservation générale qu'aux directoires de département et de district, et aux préposés chargés des recouvremens, chacun pour ce qui les concerne.

XXVIII. Ils assisteront, lorsqu'ils en seront requis, les commissaires de la conservation générale dans l'exercice de leurs fonctions, ainsi que les commissaires des administrations de départemens, dans les descentes et visites qu'ils feront dans les forêts du département; ils signeront de même, s'ils en sont requis, les procès-verbaux qui seront dressés, ou exprimeront la cause de leur refus.

XXIX. Ils ne pourront s'absenter sans cause légitime, et qu'en vertu d'une permission de la conservation générale.

TITRE VII.

Fonctions des Commissaires de la Conservation générale.

ARTICLE PREMIER.

LES commissaires de la conservation seront tenus à la résidence, sauf les tournées et inspections générales dont il sera ci-après parlé.

II. Il veilleront à l'exécution des lois forestières et à l'exactitude du service dans toutes les parties ; ils donneront pour cet effet tous les ordres et commissions nécessaires.

III. La conservation générale déléguera annuellement un ou deux de ses membres, pour faire ensemble ou séparément les visites et tournées qui seront jugées convenables.

Ces tournées auront pour objet tout ce qui peut intéresser l'exactitude et la fidélité du service, et l'avantage des propriétés forestières ; elles auront lieu pendant quatre mois chaque année, et plus lorsqu'il sera nécessaire.

IV. Les commissaires de la conservation se feront accompagner dans leurs tournées, par tels préposés sur les lieux que bon leur semblera, sans nuire à l'activité du service.

V. Ils vérifieront spécialement les sujets de plaintes qui auront été adressées à la conservation, ou qui leur seront portées sur les lieux ; ils recevront les renseignemens des corps administratifs, qui pourront, quand ils le jugeront à propos, nommer des commissaires pris dans leur sein pour être présens à leurs visites et opérations, et leur faire telles observations et réquisitions qu'ils jugeront convenables.

VI. Ils dresseront des procès-verbaux circonstanciés de leurs visites, qu'ils remettront sous les yeux de la conservation à leur retour. Si dans le cours de leurs tournées, ils reconnaissaient des malversations ou des

opérations

opérations vicieuses, ils en féfèreront sur le champ à la conservation, pour ordonner ce qu'elle jugera convenable, et cependant ils pourront provisoirement suspendre la suite desdites opérations.

VII. La conservation générale ordonnera annuellement les coupes qui devront avoir lieu dans les divers départemens du Royaume, conformément aux aménagemens ou à l'ordre existant. La quantité desdites coupes, dans chaque département, sera mise sous les yeux du Corps législatif, avec un apperçu des produits présumés.

VIII. La conservation examinera et proposera les changemens qui lui paraîtront utiles dans l'ordre des coupes ou aménagemens ; et lorsque lesdits changemens auront été approuvés par le Corps législatif et sanctionnés par le Roi, elle sera tenue de s'y conformer.

IX. Si pendant l'intervalle des sessions du Corps législatif, il survenait des besoins imprévus de bois de construction ou de chauffage qui exigeassent des coupes extraordinaires, la conservation pourra y pourvoir, de l'ordre spécial du Pouvoir exécutif, et il en sera rendu compte à la prochaine session de la Législature.

X. La conservation proposera chaque année les projets du bornage, clôture, recepage, repeuplement, dessèchement, vidange et autres travaux nécessaires ou utiles à l'amélioration des bois ; elle joindra à ses projets l'état des dépenses par apperçu, et fera exécuter les travaux, lorsqu'ils auront été décrétés par le Corps législatif et sanctionnés par le Roi.

XI. Elle dressera pareillement chaque année, l'état des produits effectifs des coupes et adjudications de l'année précédente, l'état de situation des travaux en activité, et celui des dépenses ordinaires et extraordinaires qui auront eu lieu : ces différens états seront remis sous les yeux du Corps législatif.

XII. Il sera remis de même chaque année sous les yeux du Corps législatif, le résultat des visites des conservateurs, et un double de procès-verbaux de visite des commissaires de tournée.

XIII. Les commissaires de la conservation générale ne pourront s'absenter sans un congé de la conservation, approuvé par le ministre ; ils ne pourront être moins de trois présens aux délibérations ordinaires.

Administration forestière.　　　　　　　C

TITRE VIII.

Fonctions des Corps administratifs et des Municipalités, relativement à l'administration forestière.

ARTICLE PREMIER.

LES corps administratifs et les municipalités sont chargés, chacun dans leur territoire et selon l'ordre de leur institution, de veiller à la conservation des bois, et de fournir main-forte pour cet effet, lorsqu'ils en seront requis par les préposés de la conservation.

II. Les officiers municipaux assisteront, sur les requisitions qui leur en seront faites, aux perquisitions des bois de délit dans les ateliers, bâtimens et enclos adjacens ou lesdits bois auraient été transportés.

III. Les corps administratifs pourront, quand bon leur semblera, visiter les bois nationaux et autres soumis au régime forestier, dans l'étendue de leur territoire, pour s'assurer de l'exactitude et de la fidélité des préposés, dresser des procès-verbaux, et les envoyer avec leurs avis et observations, soit à la conservation générale, soit au Pouvoir exécutif, ou au Corps législatif, pour prendre les mesures qui seront jugées convenables.

IV. Les directoires de district de la situation des bois procéderont aux adjudications des ventes, ainsi qu'à celles des travaux relatifs à l'entretien ou amélioration desdits bois, et ils pourront commettre les municipalités des lieux pour les menus marchés, dont le montant ne paraîtra pas devoir s'élever an-dessus de la somme de 200 livres : quant aux adjudications des travaux qui s'étendront dans plusieurs districts, il y sera procédé pardevant le directoire du département.

V. Les directoires qui auront procédé aux adjudications recevront les cautions et certificateurs de cautions des adjudicataires, en présence et du consentement du procureur-syndic et du préposé de la régie des droits d'enregistrement, chargés du recouvrement. Quant aux adjudications pour lesquelles les municipalités auraient été commises, les cautions et leurs certificateurs seront reçus du consentement du procureur de la commune.

VI. Les directoires de district accorderont les congés de cour ou décharges d'exploitation, d'après le consentement des conservateurs, et en dresseront acte au bas des procès-verbaux de récolement déposés en leur sécrétariats.

TITRE IX.

De la Poursuite des actions forestières.

ARTICLE PREMIER.

La poursuite des délits et malversations commis dans les bois nationaux, et des contraventions aux lois forestières, sera faite au nom et par les agens de la conservation générale.

II. Les actions seront portées immédiatement devant les tribunaux du district de la situation des bois.

III. Néanmoins, les juges de paix pourront donner main-levée provisoire des bestiaux, instrumens, voitures et attelages séquestrés par les gardes, dans leur territoire, en exigeant bonne et suffisante caution jusqu'à concurrence de la valeur des objets saisis, et en faisant satisfaire aux frais de séquestre.

IV. Si les bestiaux saisis n'étaient pas réclamés dans les trois jours de la séquestration, lesdits juges en ordonneront la vente à l'enchère au marché le plus voisin, après en avoir fait afficher le jour, vingt-quatre heures à l'avance, et les deniers de la vente resteront déposés entre les mains de leur geffier, sous la déduction desdits frais de séquestre, qui seront modérément taxés.

V. Les inspecteurs seront chargés de la poursuite des délits constatés par les procès-verbaux des gardes.

VI. Les conservateurs seront chargés de la poursuite des malversations dans les coupes et exploitations, et de celle des contraventions aux lois forestières.

VII. Les actions auxquelles pourra donner lieu la responsabilité des agens de la conservation, seront poursuivies par elle.

VIII. Les actions en réparation des délits seront intentées au plus tard dans les trois mois où ils auront été reconnus, lorsque les délinquans seront désignés par les procès-verbaux; à défaut de quoi elles seront éteintes et prescrites. Le délai sera d'un an, si les délinquans n'ont pas été connus.

IX. Il sera donné copie des procès-verbaux aux prévenus; les assignations indiqueront le jour fixe de l'audience, qui sera la première après la huitaine, et faute par les assignés de comparaître au jour indiqué, il sera statué par défaut, sans autre délai ni formalité.

X. Les oppositions aux jugemens rendus par défaut ne seront reçues que pendant la huitaine, à dater de leur signification, et à la charge par les opposans de se présenter à la première audience après leur opposition, sans autre formalité.

XI. L'instruction sera faite à l'audience; il ne pourra être fourni que de simples mémoires sans frais, sauf les cas où s'éleverait des questions de propriété.

XII. Si dans une instance en réparation de délit, il s'élève une question de propriété, la partie qui en excipera, sera tenu d'appeler le procureur-général-syndic du département de la situation des bois, et de lui fournir copie de ses pièces dans la huitaine du jour où elle aura proposé son exception; à défaut de quoi il sera provisoirement passé outre au jugement du délit, la question de proprété demeurant réservée.

XIII. Les procès-verbaux feront preuve suffisante dans tous les cas où l'indemnité et l'amende n'excéderont pas la somme de cent livres, s'il n'y a pas inscription de faux, ou s'il n'est pas proposé de cause valable de récusation.

XV. Si le délit est de nature à emporter une plus forte condamnation, le procès-verbal devra être soutenu d'un autre témoignage.

XV. Les procès-verbaux des inspecteurs et des autres préposés de la conssrvation générale, ne seront pas soumis à l'affirmation.

XVI. S'il y a appel des jugemens obtenus par les préposés de la conservation, il lui en sera incessamment rendu compte ; et cependant le préposé qui aura agi en première instance, proposera, s'il y a lieu, les exclusions réservées aux intimés par la loi sur l'organisation judiciaire, et défendra sur l'appel en attendant l'avis de la conservation.

XVII. Les préposés de la conservation ne pourront interjeter eux-mêmes aucun appel sans son autorisation ; et après cette autorisation, l'appel sera suivi par le préposé qui aura fait les poursuites de première instance.

XVIII. Il en sera usé pour le cas de requête civile comme pour les instances d'appel.

XIX. Aucun préposé ne pourra se désister de ses poursuites ni acquiescer à aucune condamnation prononcée contre la conservation générale, sans son autorisation.

XX. Les instances en cassation seront instruites et jugées avec la conservation générale.

XXI. Les frais seront avancés par chacun des préposés chargés de la poursuite, et leur seront remboursés comme il sera dit ci-après.

XXII. Les registres des agens de la conservation ne seront pas sujets au timbre ; leurs procès-verbaux et les actes de procédure faits à leur diligence, ainsi que les jugemens par eux obtenus, seront soumis à l'enregistrement ; mais les droits ne seront portés en recette que pour mémoire, sauf à les comprendre dans les dépens auxquels les délinquans seront condamnés.

XXIII. Lorsque les jugemens obtenus au nom de la conservation auront été signifiés, ils seront remis au receveur du droit d'enregistrement, pour faire le recouvrement des condamnations prononcées.

XXIV. Le même receveur remboursera les frais avancés par les préposés de la conservation, ainsi que ceux qui pourraient être adjugés contre elle d'après la liquidation qui en aura été faite par le tribunal.

XXV. Chaque mois, les inspecteurs enverront aux conservateurs et au directoire de leur district, l'état des procès-verbaux qui leur auront été remis par les gardes dans l'intervalle d'un mois à l'autre, avec celui des poursuites qu'ils auront faites et des jugemens qui auront été rendus : et lorsqu'ils laisseront des procès-verbaux sans poursuite, ils en exprimeront les motifs.

XXVI. Tous les trois mois, les conservateurs dresseront l'état des procès-verbaux, poursuites et jugemens qui auront eu lieu dans leur arrondissement, et adresseront ces états, tant à la conservation générale, qu'au directoire des départemens pour ce qui les concernera.

XXVII. Il sera annuellement rendu compte au Corps législatif des frais de poursuite occasionnés par les délits, malversations ou contraventions, et des recouvremens qui auront lieu.

TITRE X.

De l'administration des Bois nationaux, ci-devant aliénés à titre de concession, douaire, engagement, usufruit ou échange non consommé.

ARTICLE PREMIER.

LES bois énoncés au présent titre, seront régis par la conservation générale, ainsi que les autres bois nationaux, sous les seules restrictions ci-après.

II. Les possesseurs auront la nomination des gardes, à la charge de les choisir parmi les personnes ayant les qualités requises par l'article premier du titre III, mais leur choix devra être confirmé par la conservation générale, et ils ne pourront les destituer sans son consentement spécial.

III. Les directoires de département, sur la réquisition de la conservation générale et sous la surveillance du Pouvoir exécutif, régleront au besoin le nombre des gardes nécessaires à la conservation desdits bois, et le traitement qui leur devra être fourni par les possesseurs.

IV. Au défaut par lesdits possesseurs de choisir des sujets capables de de remplir les places de gardes, dans la quinzaine où elles seront vacantes, la nomination sera déférée à la conservation.

V. Il est réservé auxdits possessurs de vendre de gré à gré, exploiter ou faire exploiter les bois dont les lois et règlemens leur donnent la jouissance, en se conformant d'ailleurs par eux ou leurs préposés, à tout ce qui est prescrit pour l'usance des autres bois nationaux.

TITRE XI.

De l'administration des Bois possédés en gruerie ou par indivis avec la Nation.

ARTICLE UNIQUE.

Les bois en gruerie ou indivis avec la Nation, seront régis par la conservation générale, ainsi que les bois nationaux.

TITRE XII.

De l'administration des Bois appartenant aux Communautés d'habitans.

ARTICLE PREMIER.

Les communautés d'habitans seront tenues de pourvoir à la conservation de leurs bois, et d'entretenir à cet effet le nombre de gardes nécessaire.

II. Si une communauté négligeait d'établir un nombre suffisant de gardes, ou de leur fournir un traitement convenable, le nombre et le traitement seront réglés par le directoire du district, à la réquisition et sur l'avis de l'inspecteur.

III. Les communes auront choix de leurs gardes, parmi les personnes ayant les qualités requises par l'artcile Ier du titre III ; mais leur choix devra être approuvé par le conservateur, et elles ne pourront les destituer sans le consentement de la conservation. Le choix sera fait par le conseil général de la commune.

IV. A défaut par les communes de faire la nomination de leurs gardes, dans la quinzaine de la vacance des places, la nomination sera déférée à la conservation.

V. Lesdits gardes fourniront un cautionnement, et prêteront serment ainsi que ceux des bois nationaux.

VI. Ils se conformeront à tout ce qui est prescrit par le titre IV du présent Décret, si ce n'est qu'après avoir affirmé leurs procès-verbaux concernant les délits ordinaires de pâturage, ou de maraudage ou vol de taillis, ils les déposeront au greffe du juge de paix, et en avertiront le procureur de la commune, pour faire les poursuites requises, conformément aux lois de police ; mais ils adresseront à l'inspecteur tous leurs procès-verbaux concernant les délits commis dans les quarts de réserve, et les vols de futaie.

VII. La conservation et l'exploitation des bois des communautés d'habitans, sera surveillée ainsi qu'il va être expliqué.

VIII. Lesdits bois seront visités par les préposés de la conservation : savoir, par les inspecteurs, au moins deux fois chaque année, et une fois par les conservateurs ; ils seront pareillement visités au besoin par les commissaires de la conservation générale. Ces visites auront le même objet que dans les bois nationaux, et elles seront pareillement constatées.

IX. Les coupes ordinaires ne seront mises en exploitation, que d'après le procès-verbal d'assiette, balivage et martelage de l'inspecteur local, conformément aux divisions de coupes et aménagemens.

X. Les communautés qui, pour leur plus grand avantage jugeraient à propos de vendre leurs coupes ordinaires, au lieu de les partager en

nature,

nature, ne pourront le faire qu'en vertu de la permission du directoire du district, rendue sur l'avis de l'inspecteur, et visée par le directoire du département.

XI. Aucune coupe de futaie sur taillis ou de quart de réserve, ne pourra être faite qu'en vertu de la permission du Pouvoir exécutif, qui ne sera accordée que pour cause de nécessité, et sur l'avis des corps administratifs et de la conservation générale. Il sera procédé aux assiettes, balivages et martelage desdites coupes, ainsi que dans les bois nationaux.

XII. Aucune coupe ordinaire ou extraordinaire ne pourra être vendue que pardevant le directoire du district, en la forme qui aura lieu pour les ventes de bois nationaux. Il sera procédé aux adjudications à la diligence du procureur de la commune, et en présence du maire ou d'un autre officier municipal.

XIII. Les deniers provenant des ventes extraordinaires, seront versés par l'adjudicataire entre les mains du trésorier du district, pour être employés sur l'avis du directoire du district ordonnancé par celui du département, conformément aux dispositions qui auront permis lesdites coupes.

XIV. Les coupes ordinaires et extraordinaires seront sujettes au récolement ; et les adjudicataires ou entrepreneurs devront obtenir leur congé de cour, ou décharge d'exploitation. Il suffira que le récolement des coupes ordinaires soit fait par l'inspecteur local.

XV. Les habitans ne pourront enlever leur chablis qu'ensuite de la visite et reconnaissance de l'inspecteur.

XVI. Ils ne pourront mettre leurs bestiaux en pâturages, que dans les cantons reconnus et déclarés défensables dans le procès-verbal de visite du conservateur.

XVII. Les travaux de recepage, repeuplement et autres nécessaires à l'entretien et amélioration, seront ordonnés par le Pouvoir exécutif, d'après les procès-verbaux des préposés de la conservation et sur l'avis des corps administratifs qui entendront préalablement les communes intéressées.

XVIII. La poursuite des délits commis sur la futaie et dans les quarts de réserve, et celles des malversations dans les coupes et exploitations, seront faites par les préposés de la conservation, suivant ce qui est dit au titre

Administration forestière.   D

IX ; sauf aux habitans à fournir les instructions qu'ils jugeront convenables, et à se prévaloir des restitutions et indemnités qui seront prononcées contre les délinquans.

XIX. Toutes les opérations des préposés de la conservation générale dans les bois des communautés, seront faites sans frais, sauf les vacations des arpenteurs qui seront employés ; mais les adjudicataires des coupes, tant ordinaires qu'extraordinaires, seront tenus de payer entre les mains des préposés de la régie d'enregistrement, les deux sous pour livre du prix de leur adjudication, outre et par dessus icelui, et moyennant ce, les vingt-six deniers pour livre ci-devant établis, sont et demeurent supprimés.

TITRE XIII.

De l'Administration des Bois possédés par les Maisons d'éducation et de charité, les Établissemens de main-morte étrangers.

ARTICLE UNIQUE.

TOUTES les dispositions du titre précédent s'appliqueront à l'administration desdits bois, si ce n'est que les possesseurs n'auront pas besoin de la permission prescrite par l'article X pour la vente des coupes ordinaires, et que les poursuites et autres fonctions attribuées aux procureurs des communes ou officiers municipaux, appartiendront aux syndics, procureurs, économes, administrateurs ou autres préposés desdites maisons ou établissemens.

TITRE XIV.

Responsabilité.

ARTICLE PREMIER.

LES gardes seront responsables de toutes négligences ou contraventions dans l'exercice de leurs fonctions, ainsi que de leurs malversations personnelles.

II. Par suite de cette responsabilité, les gardes seront tenus des indemnités et amendes encourues par les délinquans, lorsqu'ils n'auront pas duement constaté les délits, et le montant des condamnations qu'ils subiront, sera retenu sur leur traitement, sans préjudice à toute autre poursuite.

III. Les inspecteurs seront responsables de leurs faits personnels, ainsi que des malversations, contraventions et négligences des gardes qu'ils n'auraient pas constatées.

IV. Par suite de cette responsabilité, les inspecteurs seront solidairement tenus des condamnations encourues par les gardes, sauf leurs recours contre ceux-ci.

V. Les conservateurs seront également responsables de leurs faits personnels, ainsi que des malversations, contraventions ou négligences des inspecteurs qui n'auraient pas constatées.

VI. Par suite de cette responsabilité, ils seront solidairement tenus des condamnations encourues par les inspecteurs, sauf leurs recours contre ces derniers.

VII. Les commissaires de la conservation générale seront responsables de leurs faits personnels, et spécialement de toute négligence à faire exécuter les lois dans les différentes parties du régime forestier.

VIII. Les erreurs de mesure, lorqu'elles exdéderont un arpent sur quarante, seront à la charge de ceux qui auront fait l'arpentage.

IX. Les corps administratifs et les municipalités seront responsables du dommage souffert, à défaut par eux d'accorder la main-forte nécessaire pour la conservation des bois, lorsqu'ils en seront requis ; et les officiers municipaux requis d'assister aux perquisitions des bois de délit, seront responsables de tout refus illégitime.

TITRE XV.

Suppression de l'ancienne Administration.

ARTICLE PREMIER.

LES officiers des ci-devant grueries et maîtrises des siéges de réformation, les grands-maîtres-ordonnateurs, et généralement tous les préposés, titulaires, ou par commission, chargés de l'administration des forêts du royaume, cesseront leurs fonctions lorsque les nouveaux préposés entreront en activité, sauf ce qui a été prescrit relativement aux gardes actuellement en place.

II. Tous les plans, titres, procès-verbaux, et autres pièces concernant la propriété ou l'administration des forêts, étant au greffe des ci-devant maîtrises et des siéges de réformation, seront remis au secrétariat du département de leur établissement, où les préposés de la conservation pourront en prendre toute communication, copie et extrait qu'ils jugeront nécessaires. Quant aux plans et piéces déposés au bureau général des eaux et forêts, aux dépôts des grands-maîtres, et aux greffes des tables de marbre, ils seront remis au secrétariat de la conservation générale.

III. Il sera fait un bref état des pièces énoncées en l'article précédent, au bas duquel il en sera donné décharge aux dépositaires, et un double dudit état demeurera joint aux pièces.

IV. Il sera incessamment fait une loi sur les aménagemens, ainsi que pour fixer les règles de l'administration forestière ; et jusqu'à ce, l'ordonnance de 1669 et les autres réglemens en vigueur continueront à être exécutés en tout ce à quoi il n'est pas dérogé par les décrets de l'Assemblée nationale ; et néanmoins les formes prescrites pour l'adjudication des bois nationaux, seront substituées, dans la vente des bois, à celles ci-devant usitées.

DÉCRET

Concernant le nombre, la répartition et le traitement des Agens de la Conservation générale.

ARTICLE PREMIER.

LES Commissaires de la conservation seront au nombre de cinq.

II. Les conservateurs seront un nombre de trente-cinq, et les inspecteurs au nombre de trois cent trois ; savoir :

1.° Dans les départemens de la Somme, du Pas-de-Calais et du Nord, un conservateur résident à Arras, et douze inspecteurs.

2.° Dans les départemens de l'Aisne et de l'Oise, un conservateur résident à Laon, et quinze inspecteurs.

3.° Dans les départemens des Ardennes et de la Marne, un conservateur à Châlons et onze inspecteurs.

4.° Dans le département de la Meuse, un conservateur à Bar-le-duc, et six inspecteurs

5.° Dans le département de la Moselle, un conservateur à Metz, et dix inspecteurs.

6.° Dans le département de la Meurthe, un conservateur à Nancy, et neuf inspecteurs.

7.° Dans les départemens des Vosges, un conservateur à Épinal, et huit inspecteurs.

8.° Dans les départemens du haut et bas Rhin, un conservateur à Strasbourg, et neuf inspecteurs.

9.° Dans le département de la haute Saône, un conservateur à Vezoul, et sept inspecteurs.

10.° Dans le département du Doubs, un conservateur à Besançon, et neuf inspecteurs.

11.° Dans le Département du Jura, un corservateur à Lons-le-Saulnier, et cinq inspecteurs.

12.° Dans le département de la Côte-d'Or, un conservateur à Dijon, et cinq inspecteurs.

13.° Dans les départemens de la haute Marne et de l'Aube, un conserveteur à Chaumont, et neuf inspecteurs.

14.° Dans le département de l'Yonne, un conservateur à Auxerre, et huit inspecteurs.

15.° Dans les départemens de Seine et Marne, de Paris, et de Seine et Oise, un conservateur à Paris, et neuf inspecteurs.

16.° Dans les départemens de l'Eure et de la Seine inférieure, un conservateur à Rouen, et neuf inspecteurs.

17.° Dans les départemens du Calvados, de la Manche et de l'Orne, un conservateur à Caen, et quinze inspecteurs.

18.° Dans les départemens d'Ille et Vilaine, des-Côtes du-Nord, du

Finistère et du Morbihan, un conservateur à Rennes, et six inspecteurs.

1 9.° Dans les départemens de Maine et Loire, de la Mayenne, de la Sarthe et de la Loire inférieure, un conservateur à Angers, et huit inspecteurs.

2 0.° Dans les départemens du Loir et Cher du Loiret, et d'Eure et Loir, un conservateur à Orléans, et quinze inspecteurs.

2 1.° Dans les départemens de l'Allier, de la Nièvre et du Cher, un conservateur à Nevers, et douze inspecteurs.

2 2.° Dans les départemens de Saône et Loire, et de Rhône et Loire, un conservateur à Mâcon, et sept inspecteurs.

2 3.° Dans le département l'Ain, un conservateur à Bourg, et six inspecteurs.

2 4.° Dans les départemens de l'Isère, la Drôme et les Hautes-Alpes, un conservateur à Grenoble, et onze inspecteurs.

2 5.° Dans les départemens des Basses-Alpes, du Var et des Bouches du Rhône, un conservateur à Digne, et cinq inspecteurs.

2 6.° Dans les départemens de l'Hérault, du Gard et de l'Ardèche, un conservateur à Nîmes, et six inspecteurs.

2 7.° Dans les départemens du Cantal, du Puy-de-Dôme et de la haute Loire, un conservateur à Clermont, et quatre inspecteurs.

2 8.° Dans les départemens de l'Indre et Loire, de l'Indre et de la Creuze, un conservateur à châteauroux, et onze inspecteurs.

2 9.° Dans les départemens de la haute Vienne, de la Vienne, des deux Sévres et de la Vendée, un conservateur à Poitiers, et sept inspecteurs.

3 0.° Dans les départemens de la Charente-inférieure, la Charente, la Dordogne et la Corrèze, un conservateur à Périgneux, et neuf inspecteurs.

3 1.° Dans les départemens des Landes, du Lot et Garonne, et de la Gironde, un conservateur à Bordeaux, et quatre inspecteurs.

3 2.° Dans les départemens du Lot, de la Losère, l'Aveiron et le Tarn, un conservateur à Rhodès, et dix inspecteurs.

33.° Dans les départemens de la haute Garonne, du Gers, des hautes Pyrénées et des basses Pyrénées, un conservateur à Auch, et neuf inspecteurs.

34. Dans les départemens de l'Aude, des Pyrénées orientales et de l'Arriège, un conservateur à Carcassonne, et onze inspecteurs.

35.° Dans le département de la Corse, un conservateur à Corté, et six inspecteurs.

III. La conservation fera provisoirement, dans chaque arrondissement, la répartition du nombre d'ispecteurs ci-dessus déterminé, et indiquera le lieu de leur résidence ; il y sera ensuite définitivement statué par le Corps législatif.

IV. Elle dressera incessamment l'état des gardes nécessaires à la conservation des bois nationaux dans chaque inspection, pour ledit état rapporté au Corps législatif, être statué ce qu'il appartiendra.

V. Le traitement de chacun des commissaires de la conservation générale sera de huit mille livres annuellement ; ceux qui iront en tournée recevront en outre le remboursement de leurs frais de voyage, à raison de vingt-quatre livres par jour.

VI. Le traitement annuel du secrétaire de la conservation, sera de six mille livres.

VII. Il sera statué sur les frais de commis et de bureau, d'après l'état qui sera présenté au Corps législatif.

VIII. Il y aura trois classes de traitement pour les conservateurs ; savoir, trois mille livres, quatre mille livres ou cinq mille livres, eu égard à la quantité de bois et à l'étendue de leur arrondissement.

IX. Il y aura de même trois classes de traitement pour les inspecteurs ; savoir, deux mille livres, deux mille cinq cents livres ou trois mille livres, d'après les mêmes bases.

X. La conservation générale fixera provisoirement la classe du traitement des conservateurs et des inspecteurs, conformément aux deux articles précédens, sans que le total des traitemens réunis puisse excéder le taux moyen fixé par les mêmes articles.

XI.

XI. En cas d'absence des conservateurs ou des inspecteurs, il leur sera fait déduction d'une partie proportionnelle de leur traitement, pour accroître à la somme dont il va être parlé.

XII. Il sera remis actuellement une somme de cinquante mille livres à la disposition de la conservation, pour être distribuée en gratifications aux suppléans, lorsqu'ils seront employés en vertu de commission particulière, sans que lesdites gratifications puissent excéder la somme de cent vingt livres par mois de travail ; ce qui restera sera distribué aux inspecteurs qui auront été employés à des travaux extraordinaires, ou qui auront rempli leur service avec plus d'activité.

XIII. Les opérations des arpenteurs seront taxées par les conservateurs ; et le montant des taxes, après avoir été visé par les directoires de département, sera acquitté sur le produit des ventes.

XIV. La conservation dressera l'état du traitement qu'elle estimera devoir être fourni aux gardes, eu égard à l'étendue des bois, la difficulté de la garde et le prix local des subsistances, pour, ledit état rapporté au Corps législatif, être statué ce qu'il appartiendra ; et cependant, le traitement actuel des gardes en exercice sera provisoirement continué.

XV. La moitié du produit des amendes, déduction faite de tous frais de poursuite et recouvrement, sera laissé à la disposition de la conservation, pour être distribuée, à titre de gratification, aux gardes qui auront le mieux rempli leur service. L'état de cette répartition et celui des gratifications énoncées en l'article XII, seront rendus publics et envoyés dans les départemens.

XVI. Il sera retenu sur le traitement des gardes, de quoi leur fournir un surtout bleu-de-roi, sur lequel ils porteront un médaillon de drap rouge, avec cette inscription en couleur jaune : *Conservation des forêts nationales*, et le nom du district.

XVII. Toutes concessions ou attributions de bois de chauffage, de pâturages, et de tous autres droits ou jouissances dans les forêts ou biens nationaux, ou dans les coupes ou produits des ventes, pour raison de l'exercice d'aucunes fonctions forestières, sont abolies, sans qu'aucun agent de

Administration forestière.   E la conservation générale puisse s'en prévaloir, sous aucun prétexte, à peine de prévarication.

MANDONS et ordonnons à tous les Corps administratifs et Tribunaux, que les présentes ils fassent consigner dans leurs registres, lire, publier et afficher dans leurs Départemens et ressorts respectifs, et exécuter comme loi du Royaume. En foi de quoi Nous avons signé ces présentes, auxquelles Nous avons fait apposer le sceau de l'Etat. A Paris, le vingt-neuvième jour du mois de Septembre, l'an de grâce mil sept cent quatre-vingt-onze, et de notre règne le dix-huitième. *Signé* LOUIS. *Et plus bas*, M. L. F. DU PORT. Et scellées du sceau de l'Etat.

A PARIS, de l'Imprimerie du Dépôt des Lois, place du Carrousel.

L O I

Concernant les Biens et Usages ruraux, et la Police rurale.

Donné à Paris, le 6 Octobre 1791.

L OUIS, par la grâce de Dieu et par la Loi constitutionnelle de l'Etat, ROI DES FRANÇOIS, A tous présens et à venir ; SALUT.

L'ASSEMBLÉE NATIONALE a décrété, et Nous voulons et ordonnons ce qui suit :

DÉCRET de l'Assemblée Nationale, du 28 septembre 1791.

TITRE PREMIER.

Des Biens et des Usages ruraux.

SECTION PREMIÈRE.

Des principes généraux sur la propriété territoriale.

ARTICLE PREMIER.

L E territoire de la France, dans toute son étendue, est libre comme les personnes qui l'habitent : ainsi toute propriété

A

territoriale ne peut être sujette envers les particuliers, qu'aux redevances et aux charges dont la convention n'est pas défendue par la loi; et envers la nation, qu'aux contributions publiques établies par le corps législatif, et aux sacrifices que peut exiger le bien général, sous la condition d'une juste et préalable indemnité.

I I.

Les propriétaires sont libres de varier à leur gré la culture et l'exploitation, de leurs terres; de conserver à leur gré leurs récoltes, et de disposer de toutes les productions de leur propriété dans l'intérieur du royaume et au dehors, sans préjudicier au droit d'autrui et en se conformant aux loix.

I I I.

Tout propriétaire peut obliger son voisin au bornage de leurs propriétés contigües, à moitié frais.

I V.

Nul ne peut se prétendre propriétaire exclusif des eaux d'un fleuve ou d'une rivière navigable ou flottable; en conséquence tout propriétaire riverain peut, en vertu du droit commun, y faire des prises d'eau, sans néanmoins en détourner ni embarrasser le cours d'une manière nuisible au bien général et à la navigation établie.

SECTION DEUXIÈME.
Des Baux des biens de campagne.

ARTICLE PREMIER.

LA durée et les clauses des baux des biens de campagne, seront purement conventionnelles.

I I.

Dans un bail de six années, ou au-dessous, fait après la

publication du présent Décret , quand il n'y aura pas de clause sur le droit du nouvel acquéreur à titre singulier , la résiliation du bail , en cas de vente du fonds , n'aura lieu que de gré à gré.

III.

Quand il n'y aura pas de clause sur ce droit dans les baux de plus de six années , en cas de vente du fonds, le nouvel acquéreur à titre singulier pourra exiger la résiliation , sous la condition de cultiver lui-même sa propriété ; mais en signifiant le congé au fermier , au moins un an à l'avance , pour qu'il sorte à pareil mois et jour que ceux auxquels le bail auroit fini , et en dédommageant au préalable ce fermier , à dire d'experts , des avantages qu'il auroit retirés de son exploitation ou culture continuée jusqu'à la fin de son bail , d'après le prix de la ferme , et d'après les avances et les améliorations qu'il aura faites à l'époque de la résiliation.

IV.

La tacite reconduction n'aura plus lieu à l'avenir en bail à ferme ou à loyer des biens ruraux.

V.

A l'avenir il ne sera payé aucun droit de quint , treizième , lods et ventes , et autres précédemment connus sous le titre de droits de vente , à raison des baux à ferme ou à loyers faits pour un temps certain et limité , encore qu'ils excèdent le terme de neuf années , soit que le bail soit fait moyennant une redevance annuelle , soit pour une somme une fois payée , nonobstant toutes loix, coutumes , statuts ou jurisprudence à ce contraires , sans préjudice de l'exécution des loix, coutumes ou statuts qui assujettissent les baux à vie et les aliénations d'usufruits à des droits de vente ou autres droits seigneuriaux.

SECTION TROISIÈME.

De diverses Propriétés rurales.

ARTICLE PREMIER.

NUL agent de l'agriculture, employé avec des bestiaux au labourage, ou à quelque travail que ce soit, ou occupé à la garde des troupeaux, ne pourra être arrêté, sinon pour crime, avant qu'il n'ait été pourvu à la sûreté desdits animaux, et en cas de poursuite criminelle, il y sera également pourvu immédiatement après l'arrestation, et sous la responsabilité de ceux qui l'auront exercée.

II.

Aucun engrais ni ustensile, ni autre meuble utile à l'exploitation des terres, et aucuns bestiaux servant au labourage, ne pourront être saisis ni vendus pour contributions publiques, et ils ne pourront l'être pour aucune cause de dettes, si ce n'est au profit de la personne qui aura fourni lesdits effets ou bestiaux, ou pour l'acquittement de la créance du propriétaire envers son fermier ; et ce seront toujours les derniers objets saisis, en cas d'insuffisance d'autres objets mobiliers.

III.

La même règle aura lieu pour les ruches ; et pour aucune raison, il ne sera permis de troubler les abeilles dans leurs courses et leurs travaux ; en conséquence, même en cas de saisie légitime, une ruche ne pourra être déplacée que dans les mois de décembre, janvier et février.

IV.

Les vers à soie sont de même insaisissables pendant leur travail, ainsi que la feuille du mûrier qui leur est nécessaire pendant leur éducation.

V.

Le propriétaire d'un essaim a le droit de le réclamer et de s'en ressaisir, tant qu'il n'a point cessé de le suivre ; autrement l'essaim appartient au propriétaire du terrain sur lequel il s'est fixé.

SECTION QUATRIÈME.

Des Troupeaux, des Clôtures, du Parcours et de la vaine Pâture.

ARTICLE PREMIER.

Tout propriétaire est libre d'avoir chez lui telle quantité et telle espèce de troupeaux qu'il croit utiles à la culture et à l'exploitation de ses terres, et de les y faire pâturer exclusivement ; sauf ce qui sera réglé ci-après relativement au parcours et à la vaine pâture.

II.

La servitude réciproque de paroisse à paroisse, connue sous le nom de *parcours*, et qui entraîne avec elle le droit de vaine pâture, continuera provisoirement d'avoir lieu avec les restrictions déterminées à la présente Section, lorsque cette servitude sera fondée sur un titre ou sur une possession autorisée par les loix et les coutumes. A tous autres égards, elle est abolie.

III.

Le droit de vaine pâture dans une paroisse, accompagné ou non de la servitude du parcours, ne pourra exister que dans les lieux où il est fondé sur un titre particulier, ou autorisé par la Loi ou par un usage local immémorial, et à la charge que la vaine pâture n'y sera exercée que conformément aux

A iij

règles et usages locaux , qui ne contrarieront point les réserves portées dans les articles suivans de la présente Section.

I V.

Le droit de clorre et de déclorre ses héritages résulte essentiellement de celui de propriété , et ne peut être contesté à aucun propriétaire. L'Assemblée Nationale abroge toutes loix et coutumes qui peuvent contrarier ce droit.

V.

Le droit de parcours et le droit simple de vaine pâture , ne pourront , en aucun cas , empêcher les propriétaires de clorre leurs héritages ; et tout le temps qu'un héritage sera clos de la manière qui sera déterminée par l'article suivant , il ne pourra être assujetti ni à l'un ni à l'autre droit ci-dessus.

V I.

L'héritage sera réputé clos lorsqu'il sera entouré d'un mur de quatre pieds de hauteur avec barrière ou porte , ou lorsqu'il sera exactement fermé et entouré de palissades ou de treillages, ou d'une haie vive , ou d'une haie sèche faite avec des pieux , ou cordelée avec des branches , ou de toute autre manière de faire les haies en usage dans chaque localité ; ou enfin d'un fousé de quatre pieds de large au moins à l'ouverture , et de deux pieds de profondeur.

V I I.

La clôture affranchira de même du droit de vaine pâture réciproque ou non réciproque entre particuliers , si ce droit n'est pas fondé sur un titre. Toutes loix et tous usages contraires sont abolis.

V I I I.

Entre particuliers , tout droit de vaine pâture fondé sur un titre, même dans les bois, sera rachetable à dire d'expert, suivant l'avantage que pourroit en retirer celui qui avoit ce droit s'il n'étoit pas réciproque, ou eu égard au désavantage qu'un des propriétaires auroit à perdre la réciprocité si elle existoit ; le tout sans préjudice au droit de cantonnement, tant pour les particuliers que pour les communautés, confirmé par l'article VIII du Décret des 16 et 17 septembre 1790.

I X.

Dans aucun cas et dans aucun temps, le droit de parcours, ni celui de vaine pâture, ne pourront s'exercer sur les prairies artificielles, et ne pourront avoir lieu sur aucune terre ensemencée ou couverte de quelques productions que ce soit, qu'après la récolte.

X.

Par-tout où les prairies naturelles sont sujettes au parcours ou à la vaine pâture, ils n'auront lieu provisoirement que dans le temps autorisé par les loix et coutumes, et jamais tant que la première herbe ne sera pas récoltée.

X I.

Le droit dont jouit tout propriétaire de clorre ses héritages, a lieu même par rapport aux prairies dans les paroisses où sans titre de propriété, et seulement par l'usage, elles deviennent communes à tous les habitans, soit immédiatement après la récolte de la première herbe, soit dans tout autre temps déterminé.

X I I.

Dans les pays de parcours ou de vaine pâture soumis à l'usage du troupeau en commun, tout propriétaire ou fermier pourra renoncer à cette communauté, et faire garder par

A iv

troupeau séparé, un nombre de têtes de bétail proportionné à l'étendue des terres qu'il exploitera dans la paroisse.

X I I I.

La quantité de bétail, proportionnellement à l'étendue du terrain, sera fixée dans chaque paroisse, à tant de bêtes par arpent, d'après les règlemens et usages locaux ; et à défaut de documens positifs à cet égard, il y sera pourvu par le Conseil général de la commune.

X I V.

Néanmoins tout chef de famille domicilié, qui ne sera ni propriétaire ni fermier d'aucun dés terrains sujets au parcours ou à la vaine pâture, et le propriétaire ou fermier à qui la modicité de son exploitation n'assureroit pas l'avantage qui va être déterminé, pourront mettre sur lesdits terrains, soit par troupeau séparé, soit en troupeau en commun, jusqu'au nombre de six bêtes à laine et d'une vache avec son veau, sans préjudicier aux droits desdites personnes sur les terres communales s'il y en a dans la paroisse, et sans entendre rien innover aux loix, coutumes ou usages locaux et de temps immémorial qui leur accorderoient un plus grand avantage.

X V.

Les propriétaires ou fermiers exploitant des terres sur les paroisses sujettes au parcours ou à la vaine pâture, et dans lesquelles ils ne seroient pas domiciliés, auront le même droit de mettre dans le troupeau commun, ou de faire garder par troupeau séparé une quantité de têtes de bétail proportionnée à l'étendue de leur exploitation et suivant les dispositions de l'article XIII de la présente section ; mais dans aucun cas, ces propriétaires ou fermiers ne pourront céder leurs droits à d'autres.

X V I.

Quand un propriétaire d'un pays de parcours ou de vaine pâture aura clos une partie de sa propriété, le nombre de têtes de bétail qu'il pourra continuer d'envoyer dans le troupeau commun, ou par troupeau séparé, sur les terres particulières des habitans de la communauté, sera restreint proportionnellement et suivant les dispositions de l'article XIII de la présente section.

X V I I.

La communauté dont le droit de parcours sur une paroisse voisine sera restreint par des clôtures faites de la manière déterminée à l'article VI de cette section, ne pourra prétendre à cet égard à aucune espèce d'indemnité, même dans le cas où son droit seroit fondé sur un titre ; mais cette communauté aura le droit de renoncer à la faculté réciproque qui résultoit de celui de parcours entre elle et la paroisse voisine : ce qui aura également lieu, si le droit de parcours s'exerçoit sur la propriété d'un particulier.

X V I I I,

Par la nouvelle division du royaume, si quelques sections de paroisse se trouvent réunies à des paroisses soumises à des usages différens des leurs, soit relativement au parcours ou à la vaine pâture, soit relativement au troupeau en commun, la plus petite partie dans la réunion suivra la loi de la plus grande, et les corps administratifs décideront des contestations qui naîtroient à ce sujet. Cependant, si une propriété n'étoit point enclavée dans les autres, et qu'elle ne gênât point le droit provisoire de parcours ou de vaine pâture auquel elle n'étoit point soumise, elle seroit exceptée de cette règle.

X I X.

Aussitôt qu'un propriétaire aura un troupeau malade, il sera

A v

tenu d'en faire la déclaration à la municipalité ; elle assignera sur le terrain du parcours ou de la vaine pâture, si l'un ou l'autre existe dans la paroisse, un espace où le troupeau malade pourra pâturer exclusivement, et le chemin qu'il devra suivre pour se rendre au pâturage. Si ce n'est point un pays de parcours ou de vaine pâture, le propriétaire sera tenu de ne point faire sortir de ses héritages son troupeau malade.

X X.

Les corps administratifs emploîront constamment les moyens de protection et d'encouragement qui sont en leur pouvoir pour la multiplication des chevaux, des troupeaux, et de tous bestiaux de race étrangère qui seront utiles à l'amélioration de nos espèces, et pour le soutien de tous les établissemens de ce genre.

Ils encourageront les habitans des campagnes par des récompenses, et suivant les localités, à la destruction des animaux malfaisans qui peuvent ravager les troupeaux, ainsi qu'à la destruction des animaux et des insectes qui peuvent nuire aux récoltes.

Ils emploîront particulièrement tous les moyens de prévenir et d'arrêter les épizooties et la contagion de la morve des chevaux.

SECTION CINQUIÈME.

Des Récoltes.

ARTICLE PREMIER.

La municipalité pourvoira à faire serrer la récolte d'un cultivateur absent, infirme, ou accidentellement hors d'état de la faire lui-même, et qui réclamera ce secours ; elle aura soin que cet acte de fraternité et de protection de la loi soit exécuté aux moindres frais. Les ouvriers seront payés sur la récolte de ce cultivateur.

I I.

Chaque propriétaire sera libre de faire sa récolte de quelque nature qu'elle soit, avec tout instrument et au moment qui lui conviendra, pourvu qu'il ne cause aucun dommage aux propriétaires voisins.

Cependant, dans les pays où le ban de vendange est en usage, il pourra être fait à cet égard un règlement chaque année par le conseil général de la Commune, mais seulement pour les vigne non closes : les réclamations qui pourroient être faites contre le règlement, seront portées au directoire du département, qui y statuera sur l'avis du directoire de district.

I I I.

Nulle autorité ne pourra suspendre ou intervertir les travaux de la campagne, dans les opérations de la semence et des récoltes.

SECTION SIXIEME.

Des Chemins.

ARTICLE PREMIER.

LES agens de l'administration ne pourront fouiller dans un champ pour y chercher des pierres, de la terre ou du sable, nécessaires à l'entretien des grandes routes ou autres ouvrages publics, qu'au préalable ils n'ayent averti le propriétaire, et qu'il ne soit justement indemnisé à l'amiable, ou à dire d'experts, conformément à l'article premier du présent décret.

I I.

Les chemins reconnus par le directoire de district pour être nécessaires à la communication des paroisses, seront rendus praticables, et entretenus aux dépens des communautés sur le territoire desquelles ils sont établis ; ils pourra y avoir à cet effet une imposition au marc la livre de la contribution foncière.

A vj

I I I.

Sur la réclamation d'une des communautés , ou sur celle des particuliers , le directoire de département, après avoir pris l'avis de celui du district , ordonnera l'amélioration d'un mauvais chemin, afin que la communication ne soit interrompue dans aucune saison , et il en déterminera la largeur.

SECTION SEPTIEME.

Des Gardes champêtres.

ARTICLE PREMIER.

Pour assurer les propriétés et conserver les récoltes , il pourra être établi des gardes champêtres dans les municipalités, sous la juridiction des juges de paix et sous la surveillance des officiers municipaux. Ils seront nommés par le conseil général de la Commune, et ne pourront être changés ou destitués que dans la même forme.

I I.

Plusieurs municipalités pourront choisir et payer le même garde champêtre , et une municipalité pourra en avoir plusieurs. Dans les municipalités où il y a des gardes établis pour la conservation des bois , ils pourront remplir les deux fonctions.

I I I.

Les gardes champêtres seront payés par la communauté ou les communautés, suivant le prix déterminé par le conseil général ; leurs gages seront prélevés sur les amendes qui appartiendront en entier à la communauté. Dans le cas où elles ne suffiroient pas au salaire des gardes , la somme qui manqueroit seroit répartie au marc la livre de la contribution foncière, mais seroit à la charge de l'exploitant : toutefois les gages des gardes des bois communaux seront prélevés sur le produit de ces bois, et séparés des gages de ceux qui conservent les autres propriétés rurales.

I V.

Dans l'exercice de leurs fonctions, les gardes champêtres pourront porter toutes sortes d'armes qui seront jugées leur être nécessaires par le directoire du département. Ils auront sur le bras une plaque de métal ou d'étoffe, où seront inscrits ces mots : LA LOI, le nom de la municipalité, celui du garde.

V.

Les gardes champêtres seront âgés au moins de vingt-cinq ans; ils seront reconnus pour gens de bonnes mœurs, et ils seront reçus par le juge de paix; il leur fera prêter le serment de veiller à la conservation de toutes les propriétés qui sont sous la foi publique, et de toutes celles dont la garde leur aura été confiée par l'acte de leur nomination.

V I.

Ils feront, affirmeront et déposeront leurs rapports devant le juge de paix de leur canton ou l'un de ses assesseurs, ou feront devant l'un ou l'autre leurs déclarations. Leurs rapports, ainsi que leurs déclarations, lorsqu'ils ne donneront lieu qu'à des réclamations pécuniaires, feront foi en justice pour tous les délits mentionnés dans la police rurale, sauf la preuve contraire.

V I I.

Ils seront responbles des dommages, dans le cas où ils négligeront de faire dans les vingt-quatre heures le rapport des délits.

V I I I.

La poursuite des délits ruraux sera faite au plus tard dans le délai d'un mois, soit par les parties lésées, soit par le procureur de la commune ou ses substituts, s'il y en a, soit par des hommes de loi commis à cet effet par la municipalité, faute de quoi il n'y aura plus lieu à poursuite.

TITRE II.

De la Police rurale.

ARTICLE PREMIER.

LA police des campagnes est spécialement sous la juridiction des juges de paix et des officiers municipaux, et sous la surveillance des gardes champêtres et de la gendarmerie nationale.

II.

Tous les délits ci-après mentionnés sont, suivant leur nature, de la compétence du juge de paix ou de la municipalité du lieu où ils auront été commis.

III.

Tout délit rural ci-après mentionné, sera punissable d'une amende ou d'une détention, soit municipale, soit correctionnelle ou de détention et d'amende réunies, suivant les circonstances et la gravité du délit, sans préjudice de l'indemnité qui pourra être due à celui qui aura souffert le dommage. Dans tous les cas, cette indemnité sera payable par préférence à l'amende. L'indemnité et l'amende sont dues solidairement par les délinquans.

IV.

Les moindres amendes seront de la valeur d'une journée de travail aux taux du pays, déterminée par le directoire de département. Toutes les amendes ordinaires qui n'excèderont pas la somme de trois journées de travail, seront doubles en cas de récidive dans l'espace d'une année, ou si le délit a été commis avant le lever ou après le coucher du soleil ; elles seront triples quand les deux circonstances précédentes se trouveront réunies : elles seront versées dans la caisse de la municipalité du lieu.

V.

Le défaut de payement des amendes et des dédommagemens ou indemnités, n'entraînera la contrainte par corps que vingt-quatre heures après le commandement. La détention remplacera l'amende à l'égard des insolvables, mais sa durée en commutation de peine ne pourra excéder un mois. Dans les délits pour lesquels cette peine n'est point prononcée, et dans les cas graves où la détention est jointe à l'amende, elle pourra être prolongée du quart du temps prescrit par la loi.

V I.

Les délits mentionnés au present décret, qui entraîneroient une détention de plus de trois jours dans les campagnes, et de plus de huit jours dans les villes, seront jugés par voie de police correctionnelle ; les autres le seront par voie de police municipale.

V I I.

Les maris, pères, mères, tuteurs, maîtres, entrepreurs de toute espèce, seront civilement responsables des délits commis par leurs femmes et enfans, pupilles, mineurs n'ayant pas plus de vingt ans et non mariés, domestiques, ouvriers, voituriers et autres subordonnés. L'estimation du dommage sera toujours faite par le juge de paix ou ses assesseurs, ou par des experts par eux nommés.

V I I I.

Les domestiques, ouvriers, voituriers, ou autres subordonnés, seront, à leur tour, responsables de leurs délits envers ceux qui les emploient.

I X.

Les officiers municipaux veilleront généralement à la tranquillité, à la salubrité et à la sûreté des campagnes ; ils seront tenus
particulièrement de faire, au moins une fois par an, la visite
des fours et cheminées de toutes maisons et de tous bâtimens
éloignés de moins de cent toises d'autres habitations : ces visites
seront préalablement annoncées huit jours d'avance.

Après la visite, ils ordonneront la réparation ou la démolition
des fours et des cheminées qui se trouveront dans un état de
délabrement qui pourroit occasionner un incendie ou d'autres
accidens ; il pourra y avoir lieu à une amende au moins de
6 liv., et au plus de 24 liv.

X.

Toute personne qui aura allumé du feu dans les champs plus
près que cinquante toises des maisons, bois, bruyères, vergers,
haies, meules de grains, de paille, ou de foin, sera condamnée à
une amende égale à la valeur de douze journées de travail, et
payera en outre le dommage que le feu auroit occasionné. Le
délinquant pourra de plus, suivant les circonstances, être condamné à la détention de police municipale.

X I.

Celui qui achetera des bestiaux hors des foires et marchés,
sera tenu de les restituer gratuitement au propriétaire, en l'état
où ils se trouveront, dans le cas où ils auroient été volés.

X I I.

Les dégâts que les bestiaux de toute espèce laissés à l'abandon,
feront sur les propriétés d'autrui, soit dans l'enceinte des habitations, soit dans un enclos rural, soit dans les champs ouverts,
seront payés par les personnes qui ont la jouissance des bestiaux :
si elles sont insolvables, ces dégâts seront payés par celles qui

en ont la propriété. Le propriétaire qui éprouvera les dommages, aura le droit de saisir les bestiaux, sous l'obligation de les faire conduire dans les vingt-quatre heures au lieu du dépôt qui sera désigné à cet effet par la municipalité.

Il sera satisfait aux dégâts par la vente des bestiaux, s'ils ne sont pas réclamés, ou si le dommage n'a point été payé dans la huitaine du jour du délit.

Si ce sont des volailles, de quelque espèce que ce soit, qui causent le dommage, le propriétaire, le détenteur ou le fermier qui l'éprouvera, pourra les tuer, mais seulement sur le lieu au moment du dégât.

X I I I.

Les bestiaux morts seront enfouis dans la journée à quatre pieds de profondeur par le propriétaire, et dans son terrain, ou voiturés à l'endroit désigné par la municipalité, pour y être également enfouis, sous peine par le délinquant de payer une amende de la valeur d'une journée de travail, et les frais de transport et d'enfouissement.

X I V.

Ceux qui détruiront les greffes des arbres fruitiers ou autres, et ceux qui écorceront ou couperont en tout ou en partie des arbres sur pied, qui ne leur appartiendront pas, seront condamnés à une amende double du dédommagement dû au propriétaire et à une détention de police correctionnelle qui ne pourra excéder six mois.

X V.

Personne ne pourra inonder l'héritage de son voisin, ni lui transmettre volontairement les eaux d'une manière nuisible, sous peine de payer le dommage, et une amende qui ne pourra excéder la somme du dédommagement.

X V I.

Les propriétaires ou fermiers des moulins et usines construits ou à construire, seront garans de tous dommages que les eaux pourroient causer aux chemins ou aux propriétés voisines, par la trop grande élévation du déversoir, ou autrement. Ils seront forcés de tenir les eaux à une hauteur qui ne nuise à personne, et qui sera fixée par le directoire du département, d'après l'avis du directoire de district. En cas de contravention, la peine sera une amende qui ne pourra excéder la somme du dédommagement.

X V I I.

Il est défendu à toute personne de recombler les fossés, de dégrader les clôtures, de couper des branches de haies vives, d'enlever des bois secs des haies, sous peine d'une amende de la valeur de trois journées de travail. Le dédommagement sera payé au propriétaire ; et suivant la gravité des circonstances, la détention pourra avoir lieu, mais au plus pour un mois.

X V I I I.

Dans les lieux qui ne sont sujets ni au parcours, ni à la vaine pâture, pour toute chèvre qui sera trouvée sur l'héritage d'autrui contre le gré du propriétaire de l'héritage, il sera payé une amende de la valeur d'une journée de travail par le propriétaire de la chèvre.

Dans les pays de parcours ou de vaine pâture, où les chèvres ne sont pas rassemblées et conduites en troupeau commun, celui qui aura des animaux de cette espèce, ne pourra les mener aux champs qu'attachés, sous peine d'une amende de la valeur d'une journée de travail par tête d'animal.

En quelque circonstance que ce soit, lorsqu'elles auront fait du dommage aux arbres fruitiers ou autres, haies, vignes,

jardins, l'amende sera double, sans préjudice du dédommagement dû au propriétaire.

X I X.

Les propriétaires ou les fermiers d'un même canton ne pourront se coaliser pour faire baisser ou fixer à vil prix la journée
des ouvriers ou les gages des domestiques, sous peine d'une
amende du quart de la contribution mobiliaire des délinquans ;
et même de la détention de police municipale, s'il y a lieu.

X. X.

Les moissonneurs, les domestiques et ouvriers de la campagne ne pourront se liguer entre eux pour faire hausser et
déterminer le prix des gages ou les salaires, sous peine d'une
amende qui ne pourra excéder la valeur de douze journées de
travail, et en outre de la détention de police municipale.

X X I.

Les glaneurs, les rateleurs et les grapilleurs, dans les lieux
où les usages de glaner, de rateler ou de grapiller sont reçus,
n'entreront dans les champs, prés et vignes récoltés et ouverts,
qu'après l'enlèvement entier des fruits. En cas de contravention,
les produits du glanage, du ratelage et grapillage seront
confisqués, et, suivant les circonstances, il pourra y avoir lieu
à la détention de police municipale. Le glanage, le ratelage
et le grapillage sont interdits dans tout enclos rural, tel qu'il est
défini à l'article VI de la quatrième section du premier titre du
présent Décret.

X X I I.

Dans les lieux de parcours ou de vaine pâture, comme dans
ceux où ces usages ne sont point établis, les pâtres et les
bergers ne pourront mener les troupeaux d'aucune espèce dans
les champs moissonnés et ouverts, que deux jours après la

récolte entière , sous peine d'une amende de la valeur d'une journée de travail : l'amende sera double, si les bestiaux d'autrui ont pénétré dans un enclos rural.

X X I I I.

Un troupeau atteint de maladie contagieuse, qui sera rencontré au pâturage sur les terres du parcours ou de la vaine pâture , autres que celles qui auront été désignées pour lui seul, pourra être saisi par les gardes champêtres , et même par toute personne ; il sera ensuite mené au lieu de dépôt qui sera indiqué à cet effet par la municipalité.

Le maître de ce troupeau sera condamné à une amende de la valeur d'une journée de travail par tête de bêtes à laine, et à une amende triple par tête d'autre bétail.

Il pourra en outre, suivant la gravité des circonstances, être responsable du dommage que son troupeau auroit occasionné , sans que cette responsabilité puisse s'étendre au-delà des limites de la municipalité.

A plus forte raison cette amende et cette responsabilité auront lieu , si ce troupeau a été saisi sur les terres qui ne sont point sujettes au parcours ou à la vaine pâture.

X X I V.

Il est défendu de mener sur le terrain d'autrui des bestiaux d'aucune espèce, et en aucun temps, dans les prairies artificielles, dans les vignes, oseraies, dans les plants de capriers , dans ceux d'oliviers , de mûriers , de grenadiers , d'orangers et arbres du même genre , dans tous les plants ou pépinières d'arbres fruitiers ou autres , faits de main d'hommes.

L'amende encourue pour le délit sera une somme de la valeur du dédommagement dû au propriétaire : l'amende sera double si le dommage a été fait dans un enclos rural ; et suivant les circonstances, il pourra y avoir lieu à la détention de police municipale.

X X V.

Les conducteurs des bestiaux revenant des foires, ou les menant d'un lieu à un autre, même dans les pays de parcours ou de vaine pâture, ne pourront les laisser pacager sur les terres des particuliers, ni sur les communaux, sous peine d'une amende de la valeur de deux journées de travail, en outre du dédommagement. L'amende sera égale à la somme du dédommagement, si le dommage est fait sur un terrain ensemencé, ou qui n'a pas été dépouillé de sa récolte, ou dans un enclos rural.

À défaut de payement, les bestiaux pourront être saisis et vendus jusqu'à concurrence de ce qui sera dû pour l'indemnité, l'amende et autres frais relatifs; il pourra même y avoir lieu envers les conducteurs, à la détention de police municipale, suivant les circonstances.

X X V I.

Quiconque sera trouvé gardant à vue ses bestiaux dans les récoltes d'autrui, sera condamné en outre du payement du dommage, à une amende égale à la somme du dédommagement, et pourra l'être, suivant les circonstances, à une détention qui n'excédera pas une année.

X X V I I.

Celui qui entrera à cheval dans les champs ensemencés, si ce n'est le propriétaire ou ses agens, payera le dommage et une amende de la valeur d'une journée de travail : l'amende sera double si le délinquant y est entré en voiture. Si les blés sont en tuyau, et que quelqu'un y entre même à pied, ainsi que dans toute autre récolte pendante, l'amende sera au moins de la valeur de trois journées de travail, et pourra être d'une somme égale à celle dûe pour dédommagement au propriétaire.

X X V I I I.

Si quelqu'un, avant leur maturité, coupe ou détruit de petites parties de blé en verd, ou d'autres productions de la terre, sans intention manifeste de les voler, il payera en dédommagement au propriétaire, une somme égale à la valeur que l'objet auroit eu dans sa maturité ; il sera condamné à une amende égale à la somme du dédommagement, et il pourra l'être à la détention de police municipale.

X X I X.

Quiconque sera convaincu d'avoir dévasté des récoltes sur pied, ou abattu des plants venus naturellement, ou faits de mains d'hommes, sera puni d'une amende double du dédommagement dû au propriétaire, et d'une détention qui ne pourra excéder deux années.

X X X.

Toute personne convaincue d'avoir, de dessein prémédité, méchamment, sur le territoire d'autrui, blessé ou tué des bestiaux ou chiens de garde, sera condamnée à une amende double de la somme du dédommagement. Le délinquant pourra être détenu un mois, si l'animal n'a été que blessé ; et six mois, si l'animal est mort de sa blessure, ou en est resté estropié : la détention pourra être du double, si le délit a été commis la nuit, ou dans une étable ou dans un enclos rural.

X X X I.

Toute rupture ou destruction d'instrument de l'exploitation des terres, qui aura été commise dans les champs ouverts, sera punie d'une amende égale à la somme du dédommagement dû au cultivateur, et d'une détention qui ne sera jamais de moins d'un mois, et qui pourra être prolongée jusqu'à six, suivant la gravité des circonstances.

X X X I I.

Quiconque aura déplacé ou supprimé des bornes, ou pieds-cormiers, ou autres arbres plantés ou reconnus pour établir les limitesentre différens héritages, pourra, en outre du payement du dommage et des frais de replacement des bornes, être condamné à une amende de la valeur de douze journées de travail; et sera puni par une détention dont la durée, proportionnée à la gravité des circonstances, n'excédera pas une année. La détention cependant pourra être de deux années, s'il y a transposition de bornes à fin d'usurpation.

X X X I I I.

Celui qui sans la permission du propriétaire ou fermier, enlèvera des fumiers, de la marne, ou tous autres engrais portés sur les terres, sera condamné à une amende qui n'excédera pas la valeur de six journées de travail, en outre du dédommagement; et pourra l'être à la détention de police municipale. L'amende sera de douze journées, et la détention pourra être de trois mois, si le délinquant a fait tourner à son profit lesdits engrais.

X X X I V.

Quiconque maraudera, dérobera des productions de la terre qui peuvent servir à la nourriture des hommes, ou d'autres productions utiles, sera condamné à une amende égale au dédommagement dû au propriétaire ou fermier; il pourra aussi, suivant les circonstances du délit, être condamné à la détention de police municipale.

X X X V.

Pour tout vol de récolte fait avec des paniers ou des sacs, ou à l'aide des animaux de charge, l'amende sera du double du dédommagement; et la détention qui aura toujours lieu, pourra être de trois mois, suivant la gravité des circonstances.

X X X V I.

Le maraudage ou enlèvement de bois, fait à dos d'homme dans les bois-taillis ou futaies, ou autres plantations d'arbres des particuliers ou communautés, sera puni d'une amende double du dédommagement dû au propriétaire. La peine de la détention pourra être la même que celle portée en l'article précédent.

X X X V I I.

Le vol dans les bois-taillis, futaies et autres plantations d'arbres des particuliers ou communautés, exécuté à charge de bête de somme ou de charrette, sera puni par une détention qui ne pourra être de moins de trois jours, ni excéder six mois. Le coupable payera en outre une amende triple de la valeur du dédommagement dû au propriétaire.

X X X V I I I.

Les dégâts faits dans les bois-taillis des particuliers ou des communautés par des bestiaux ou troupeaux, seront punis de la manière suivante :

Il sera payé d'amende, pour une bête à laine, une livre ; pour un cochon, une livre ; pour une chèvre, deux livres ; pour un cheval ou autre bête de somme, deux livres ; pour un bœuf, une vache ou un veau, trois livres.

Si les bois-taillis sont dans les six premières années de leur croissance, l'amende sera double.

Si les dégâts sont commis en présence du pâtre, et dans les bois-taillis de moins de six années, l'amende sera triple.

S'il y a récidive dans l'année, l'amende sera double; et s'il y a réunion des deux circonstances précédentes, ou récidive avec une des deux circonstances, l'amende sera quadruple.

Le dédommagement dû au propriétaire sera estimé de gré à gré, ou à dire d'experts.

X X X I X.

Conformément au décret sur les fonctions de la gendarmerie nationale, tout dévastateur des bois, des récoltes, ou chasseur masqué, pris sur le fait, pourra être saisi par tout gendarme national, sans aucune réquisition d'officier civil.

X L.

Les cultivateurs ou tous autres qui auront dégradé ou détérioré de quelque manière que ce soit, des chemins publics, ou usurpé sur leur largeur, seront condamnés à la réparation ou à la restitution, et à une amende qui ne pourra être moindre de trois livres, ni excéder vingt-quatre livres.

X L I.

Tout voyageur qui déclorra un champ pour se faire un passage dans sa route, payera le dommage fait au propriétaire, et de plus, une amende de la valeur de trois journées de travail, à moins que le juge de paix du canton ne décide que le chemin public étoit impraticable ; et alors les dommages et les frais de clôture seront à la charge de la communauté.

X L I I.

Le voyageur qui, par la rapidité de sa voiture ou de sa monture, tuera ou blessera des bestiaux sur les chemins, sera condamné à une amende égale à la somme du dédommagement dû au propriétaire des bestiaux.

X L I I I.

Quiconque aura coupé ou détérioré des arbres plantés sur les routes, sera condamné à une amende du triple de la valeur des arbres, et à une détention qui ne pourra excéder six mois.

X L I V.

Les gazons, les terres ou les pierres des chemins publics,

ne pourront être enlevés en aucun càs, sans l'autorisation du directoire du département. Les terres ou matériaux appartenant aux Communautés, ne pourront également être enlevés, si ce n'est par suite d'un usage général établi dans la Commune pour les besoins de l'agriculture, et non aboli par une délibération du conseil général.

Celui qui commettra l'un de ces délits sera; en outre de la réparation du dommage, condamné, suivant la gravité des circonstances, à une amende qui ne pourra excéder vingt-quatre livres, ni être moindre de trois livres; il pourra de plus être condamné à la détention de police municipale.

X L V.

Les peines et les amendes déterminées par le présent décret, ne seront encourues que du jour de sa publication.

Mandons et ordonnons à tous les Corps administratifs et Tribunaux, que les présentes ils fassent consigner dans leurs registres, lire, publier et afficher dans leurs départemens et ressorts respectifs, et exécuter comme Loi du Royaume. En foi de quoi nous avons signé ces présentes auxquelles nous avons fait apposer le Sceau de l'État. A Paris, le sixième jour du mois d'octobre, l'an de grâce mil sept cent quatre-vingt-onze, et de notre règne le dix-huitième. *Signé* L O U I S. *Et plus bas,* M. L. F. D u P o r t. Et scellées du Sceau de l'État.

Certifié conforme à l'original.

A PARIS, DE L'IMPRIMERIE ROYALE. 1792.

LOI

Portant qu'il sera sursis à la nomination aux places de la nouvelle Organisation forestière.

Donnée à Paris, le 11 Mars 1792.

LOUIS, par la grâce de Dieu & par la Loi constitutionnelle de l'État, ROI DES FRANÇOIS : A tous présens & à venir ; SALUT. L'Assemblée Nationale a décrété , & Nous voulons & ordonnons ce qui suit :

DÉCRET DE L'ASSEMBLÉE NATIONALE, du 14 Janvier 1792, l'an quatrième de la Liberté.

L'ASSEMBLÉE NATIONALE considérant qu'aux termes de l'article I.er du titre XV de la loi du 29 septembre

1791, fur l'Adminiftration foreftière, les anciens officiers de maîtrifes ou grueries, titulaires ou par commiffion; chargés de l'adminiftration des forêts du royaume, doivent continuer leurs fonctions, jufqu'à ce que les nouveaux prépofés en exécution de ladite loi, entrent en activité; confidérant en outre qu'elle a chargé fes comités des finances, d'agriculture, de commerce, de marine & des domaines, de lui préfenter dans le délai d'un mois, un rapport fur la queftion de favoir s'il eft utile & avantageux à la Nation d'aliéner ou non aliéner fes forêts, en tout ou en partie; que, jufqu'à ce qu'il ait été définitivement ftatué fur ce rapport, il feroit auffi imprudent que difpendieux de laiffer achever l'organifation de l'Adminiftration foreftière, décrète qu'il y a urgence.

L'Affemblée Nationale, après avoir décrété l'urgence, décrète ce qui fuit:

Jufqu'à l'inftant où l'Affemblée Nationale aura prononcé fur la vente ou confervation des forêts, il fera furfis à la nomination aux places de la nouvelle organifation foreftière, & l'activité des prépofés déjà nommés, fera fufpendue.

MANDONS & ordonnons à tous les Corps adminiftratifs & Tribunaux, que les préfentes ils faffent configner dans leurs regiftres, lire, publier & afficher dans leurs départemens & refforts refpectifs, & exécuter comme Loi du Royaume.

En foi de quoi Nous avons figné ces préfentes ; auxquelles
Nous avons fait appofer le Sceau de l'État. A Paris , le
onzième jour du mois de mars , l'an de grâce mil fept
cent quatre-vingt-douze , & de notre règne le dix-huitième.
Signé LOUIS. *Et plus bas*, M. L. F. DuPort. Et fcellées
du Sceau de l'État.

Certifié conforme à l'original.

A PARIS,

DE L'IMPRIMERIE ROYALE.

M. DCC. XCII.

LOI

Relative aux Échangistes de forêts ci - devant domaniales, dont les échanges ne font pas encore confommés.

Donnée à Paris, le 13 Juillet 1792, l'an 4.° de la Liberté.

LOUIS, par la grâce de Dieu & par la Loi conftitutionnelle de l'État, ROI DES FRANÇOIS : A tous préfens & à venir ; SALUT. L'Affemblée Nationale a décrété, & Nous voulons & ordonnons ce qui fuit :

DÉCRET de l'Affemblée Nationale , du 7 Juillet 1792, l'an quatrième de la Liberté.

L'ASSEMBLÉE NATIONALE confidérant qu'un grand nombre d'échangiftes de forêts ci - devant domaniales, dont les échanges ne font pas confommés, fe permettent de couper des bois dont l'exploitation leur eft interdite par les loix des 26 mars & premier décembre 1790 , & d'en user comme s'ils étoient propriétaires incommutables ; que ces échangistes dont les titres sont pour la plupart infectés de fraude , prévoyant qu'ils ne tarderont pas à être dépouillés , profitent d'une jouissance passagère pour en tirer le parti le plus avantageux , non-seulement en exploitant les coupes ordinaires , mais encore en forçant ces coupes & en abattant des réserves ; qu'il est extrêmement important de réprimer un genre d'abus aussi préjudiciable aux intérêts de la Nation ; mais qu'en même temps , il est indispensable de pourvoir à ce que les adjudications des bois nécessaires à la consommation & au commerce ne soient pas suspendues , décrète qu'il y a urgence.

L'Assemblée Nationale , après avoir entendu le rapport de son comité des Domaines , & déclaré l'urgence , décrète ce qui suit :

ARTICLE PREMIER.

Les coupes ordinaires des bois , ci-devant domaniaux , tant en futaie qu'en demi-futaie , & taillis recrus sur les futaies coupées ou dégradées , compris dans les échanges non-consommés , seront désormais adjugées conformément à la loi du 29 septembre 1791 , & le prix des adjudications sera versé dans les caisses des receveurs de district , pour y demeurer séquestré jusqu'à ce qu'il ait été statué sur lesdits échanges.

I I.

Le Pouvoir exécutif se fera rendre compte des contraventions commises à la loi du 26 mars 1790 , & il en fera

pourſuivre les auteurs, conformément à l'article premier de
la même loi.

MANDONS & ordonnons à tous les Corps
adminiſtratifs & Tribunaux, que les préſentes
ils faſſent conſigner dans leurs regiſtres, lire,
publier & afficher dans leurs départemens & reſſorts
reſpectifs, & exécuter comme Loi du Royaume.
En foi de quoi Nous avons ſigné ces préſentes,
auxquelles Nous avons fait appoſer le ſceau de l'État.
A Paris, le treizième jour du mois de juillet mil
ſept cent quatre - vingt - douze, l'an quatrième de
la liberté, & le dix - neuvième de notre règne.
Signé LOUIS. *Et plus bas ,* DEJOLY. Et
ſcellées du ſceau de l'État.

Certifié conforme à l'original.

L O I

Relative au payement des Officiers des ci-devant maîtrifes des Eaux & Forêts.

Du 15 Août 1792, l'an quatrième de la Liberté.

L'ASSEMBLÉE NATIONALE, confidérant que la Loi du 11 feptembre 1790, en fupprimant les officiers des ci-devant maîtrifes des eaux & forêts, a chargé les officiers de continuer leurs fonctions ; que la confervation des bois eft effentiellement dépendante de la punition des délits ; que le décret du 19 décembre 1790, n'a point fixé le mode de rembourfement qu'il a ordonné être fait, des frais & avances que la pourfuite des délits a occafionnés ; que la plupart des employés dans l'admi-niftration des eaux & forêts, & dans l'ordre judiciaire y relatif, n'ont point été payés de leurs frais, ni de leurs journées & vacations, & qu'il eft indifpenfable & de toute juftice d'y pourvoir, décrète qu'il y a urgence.

L'Affemblée Nationale, après avoir décrété l'urgence, décrète ce qui fuit.

A

ARTICLE PREMIER.

Les Officiers des ci-devant maîtrifes des eaux & forêts, qui, en conformité de la Loi du 11 feptembre 1790,
ont continué leurs fonctions, feront payés de leurs
journées, vacations & frais de voyage, pour les années
1791 & fuivantes, jufqu'à l'organifation foreftière dé-
finitive, favoir : pour balivage ou martelage des coupes
ordinaires ou extraordinaires, à raifon de quatre livres
dix fous par arpent, mefure de roi, & d'une livre
dix fous, par arpent de récolement de la coupe ou vente
ufée.

Et, à l'égard des forêts de pins & fapins, & des arbres
épars, il fera payé aux officiers qui en auront fait la délivrance & récolement, cinq fous par pied d'arbre.

I I.

Il ne fera alloué aux arpenteurs, que le droit de réarpentage à raifon de quinze fous par arpent, quand même
ils auroient procédé à l'affiete des coupes.

I I I.

Les officiers préfenteront l'état de leurs opérations, &
fourniront l'extrait de leurs procès-verbaux, certifiés &
fignés d'eux au directoire du diftrict de la fituation des
bois, d'après lequel état, la taxe fera faite en conformité
de l'article I.er par le dit directoire, & rendue exécutoire
par celui du département, fur le receveur du diftrict.

Quant aux arpenteurs, ils feront payés par ledit receveur, fur le certificat des officiers des maîtrifes, vifé par
le directoire de diftrict, & arrêté par celui de département.

I V.

Les taxes faites aux officiers des ci-devant maîtrifes,
feront partagées par égale portion entre les maîtres-parti-
culiers, procureurs du roi, gardes-marteaux & greffiers.

V.

Il fera accordé aux gardes qui auront travaillé aux
martelages & récolemens, cinq fous par arpent, qui feront également partagés, à raifon du nombre des gardes
employés auxdites opérations.

Les gages & traitemens des gardes généraux & particuliers continueront de leur être payés comme par le
paffé, jufqu'à ce que, par un décret du corps légiflatif, il
en foit autrement ordonné.

V I.

Les frais faits pour la pourfuite des délits commis dans
les bois nationaux & autres, & qui font relatifs à la confervation & adminiftration des eaux & forêts, feront rembourfés par les receveurs des droits de patentes & d'enregiftrement, chacun pour ce qui les concerne, & dans leur
arrondiffemens, fur les mémoires appuyés de pièces jufti-
ficatives, qui feront préfentés par les procureurs du roi des

ci-devant maîtrifes aux directoires de diftrict. Sur leur
vifa & avis ; les mandats de payement feront délivrés par
le directoire de département.

V I I.

Les greffiers des ci-devant maîtrifes d'eaux & forêts,
feront également rembourfés par les receveurs de droits
de patentes & d'enregiftrement, du lieu de l'etabliffement
des maîtrifes, de leurs expéditions, droits d'enregiftrement,
papier & timbre, fur l'état qu'ils en fourniront aux Procureurs du roi defdites maîtrifes, qui les arréteront ;
& feront lefdits états foumis à la taxe de l'un des Juges
du tribunal de diftrict, & l'ordonnance de payement
délivrée par celui de département.

VIII.

Les collecteurs d'amendes, les huiffiers & greffiers des
tribunaux de diftrict, feront payés des frais & avances
qu'ils ont faits à la requête des procureurs du roi des
maîtrifes, relativement à la pourfuite des délits commis
dans les bois & pour l'exécution des jugemens de condamnation prononcés par lefdits tribunaux contre les
délinquans, fur les états qui feront fournis & arrêtés par
les commiffaires du roi établis près lefdits tribunaux, &
payés par le receveur de diftrict, d'après la taxe du
tribunal, fur le *vifa* du directoire & le mandat & arrété
du département.

I X.

Les officiers des ci-devant maîtrifes qui, en conféquence de la Loi du 19 janvier 1791 , ont affifté aux
ventes & adjudications des bois nationaux , faites devant
les directoires de diftrict, feront payés par les receveurs
des diftricts, à raifon de fix livres par jour d'aller , de
retour & d'affiftance auxdites ventes ; & il en fera delivré
ordonnance auxdits officiers par le directoire du département fur l'avis du diftrict.

X.

Les fommes qui pourroient refter dues aux ci-devant
officiers ou autres agens de l'adminiftration foreftière par
les maifons religieufes, pour raifon des opérations faites
dans leurs bois , devenus nationaux , antérieurement à
l'année 1791 , ne pourront être acquittées par les receveurs des diftricts fur l'arrêté des départemens , qu'autant qu'elles feront confignées dans les regiftres defdites
maifons, ou dans les inventaires faits par les corps adminiftratifs de leur actif & du paffif.

X I.

Quant aux indemnités qui pourroient être dues aux
officiers, gardes généraux & particuliers, ou à tous autres
agens de l'adminiftration foreftiere pour raifon de la
modicité des gages, ou pour toutes autres caufes jugées

légitimes, elles feront fixées & déterminées par le miniftre des contributions, fur l'avis des directoires de diftrict & arrêtés des départemens; & les receveurs defdits diftricts ne pourront les acquitter que d'après un décret du corps légiflatif.

Au nom de la Nation, le Confeil exécutif provifoire mande & ordonne à tous les Corps adminiftratifs & Tribunaux, que les préfentes ils faffent configner dans leurs regiftres, lire, publier & afficher dans leurs départemens & refforts refpectifs, & exécuter comme loi. En foi de quoi nous avons figné ces préfentes, auxquelles nous avons fait appofer le fceau de l'État. A Paris, le vingt-cinquième jour du mois d'août mil fept cent quatre-vingt-douze, l'an quatrième de la liberté. *Signé* Servan. *Contrefigné* Danton. Et fcellées du fceau de l'État.

Certifié conforme à l'original.

A PARIS,

DE L'IMPRIMERIE NATIONALE DU LOUVRE.

M. DCC. XCII.

DÉCRET

DE LA

CONVENTION NATIONALE,

Du 11 Avril 1793, l'an second de la république Françoise,

Portant que la vente & l'adjudication des Bois appartenant au ci-devant Domaine & Corps ecclésiastiques, seront faites par les Directoires de District.

La Convention nationale, sur la proposition d'un de ses membres, décrète que les ventes & adjudications des bois appartenant ci-devant au domaine, ainsi que celles des bois des ci-devant corps & communautés ecclésiastiques, seront faites à l'avenir par les directoires de district.

Visé par l'inspecteur. Signé JOSEPH BECKER.

Collationné à l'original, par nous président & secrétaires de la Convention nationale. A Paris, le 16 avril 1793, l'an second de la république Françoise. *Signé* J. F. B. DELMAS, *président;* J. PH. GARRAN & J. B. BOYER-FONFRÈDE, *secrétaires.*

Au nom de la République, le Conseil exécutif provisoire mande & ordonne à tous les Corps administratifs & Tribunaux, que la présente loi ils fassent configner dans leurs regiftres, lire, publier & afficher, & exécuter dans leurs départemens & refforts refpeclifs; en foi de quoi nous y avons appofé notre fignature & le fceau de la république. A Paris, le feizième jour du mois d'avril mil fept cent quatre-vingt-treize, l'an fecond de la république Françoife. *Signé* BOUCHOTTE. *Contrefigné* GOHIER. Et fcellée du fceau de la république.

Certifié conforme à l'original.

A PARIS, DE L'IMP. NATIONALE EXECUTIVE DU LOUVRE. 1793.

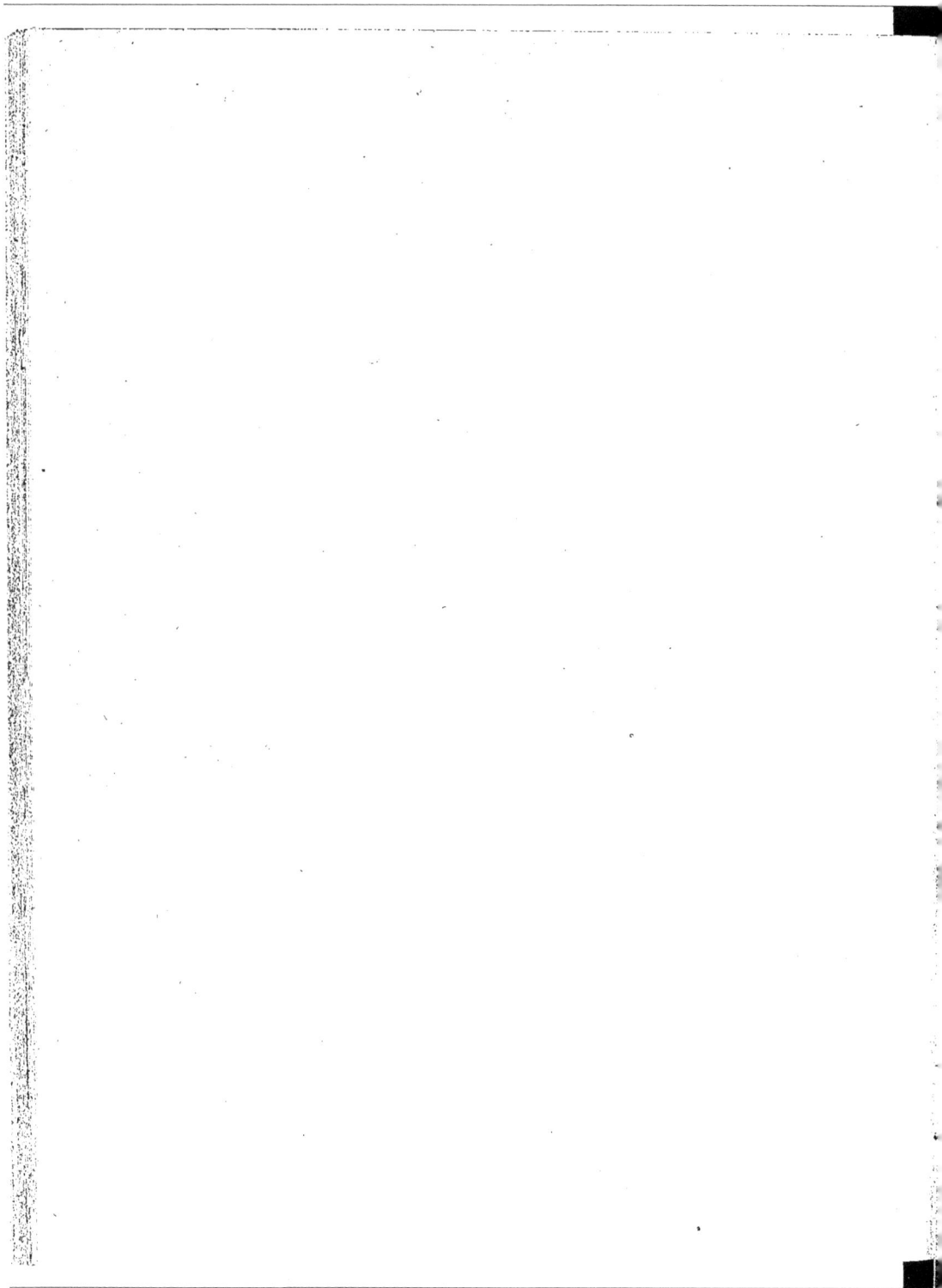

DÉCRET

DE LA

CONVENTION NATIONALE,

Du 10 Juillet 1793, l'an second de la République Françoise ;

Relatif aux coupes des Bois appartenant aux Parens des Émigrés.

La Convention nationale interprétant en tant que de befoin l'article V de la loi du 28 mars, concernant les émigrés, & voulant affurer les droits de la république fur leurs biens, décrète ce qui fuit :

ARTICLE PREMIER.

Il eft défendu à tous les parens des émigrés, défignés audit article V, de faire exploiter ou vendre, dans les bois à eux appartenant, aucune coupe extraordinaire de futaie, à peine de confifcation du prix & d'une amende égale à ladite confifcation.

II.

Ceux defdits parens qui auroient des portions de bois dépériffantes, & dont la coupe feroit néceffaire, feront tenus de fe pourvoir par-devant l'adminiftration du département, qui pourra permettre ladite coupe fur l'avis du directoire du diftrict, & après que la néceffité de la coupe aura été conftatée.

I I I.

L'adjudication de la coupe fera faite dans les formes prefcrites pour les bois nationaux, & le prix en fera verfé ès mains du receveur du diftrict, de la fituation des bois.

I V.

Les citoyens débiteurs de rentes envers les parens des émigrés, mentionnés audit article V, pourront fe libérer defdites rentes, en confignant le capital ès-mains du receveur du diftrict où lefdits parens font domiciliés.

V.

Il fera loifible auxdits parens de retirer les capitaux, foit defdites rentes, foit des coupes extraordinaires de bois, en juftifiant de l'emploi en acquifitions de terres ou maifons, fi mieux ils n'aiment les conftituer fur le tréfor public, auquel cas l'intérêt leur en fera payé à raifon de cinq pour cent.

Vifé par l'infpecteur. Signé *S. E. MONNEL.*

Collationné à l'original, par nous préfident & fecrétaires de la Convention nationale. A Paris, le 14 juillet 1793, l'an fecond de la république. *Signé* JEAN BON-SAINT-ANDRÉ, *préfident;* BILLAUD-VARENNE, R. T. LINDET & LEVASSEUR, *fecrétaires.*

AU NOM DE LA RÉPUBLIQUE, le Confeil exécutif provifoire

mande & ordonne à tous les Corps adminiſtratifs & Tribunaux, que la préſente loi ils faſſent conſigner dans leurs
regiſtres, lire, publier & afficher, & exécuter dans leurs départemens & reſſorts reſpectifs ; en foi de quoi nous y avons
appoſé notre ſignature & le ſceau de la république. A Paris,
le quatorzième jour du mois de juillet mil ſept cent quatre-
vingt-treize, l'an ſecond de la république Françoiſe.
Signé DEFORGUES. *Contreſigné* GOHIER. Et ſcellée du
ſceau de la république.

Certifié conforme à l'original.

A PARIS, DE L'IMPRIMERIE NATIONALE EXÉCUTIVE
DU LOUVRE. 1793.

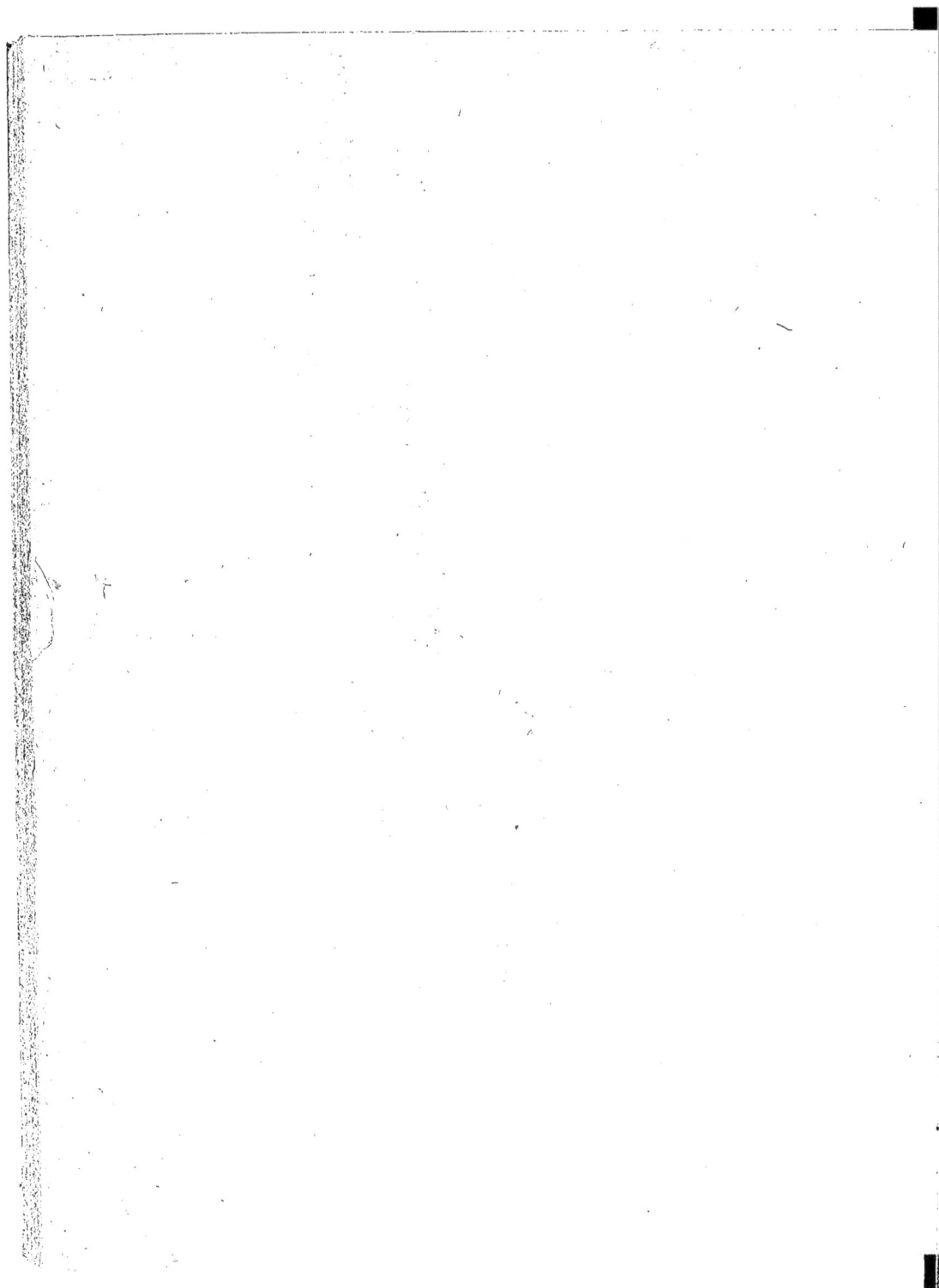

DÉCRET

DE LA

CONVENTION NATIONALE,

Du 4 Octobre 1793, l'an second de la république Françoise,
une & indivisible,

*Qui autorise le Ministre de la Marine à faire marquer
dans les Bois des particuliers tous les arbres propres
au service de la Marine.*

LA CONVENTION NATIONALE, après avoir entendu le
rapport de son comité de salut public, décrète que le
ministre de la marine est autorisé à faire faire des visites
dans les bois de tous les citoyens sans exception, à y faire
marquer les bois qui seront jugés propres au service de la
marine, de quelqu'espèce qu'ils soient, & à les faire exploiter
dans les temps convenables à mesure des besoins de la
république.

Visé par l'inspecteur. Signé *JOSÈPH BECKER.*

Collationné à l'original, par nous président & secrétaires de la
Convention nationale. A Paris, le 5 octobre 1793, l'an
second de la république Françoise, une & indivisible. *Signé*
L. J. CHARLIER, *président ;* PONS (de Verdun) & LOUIS
(du bas Rhin), *secrétaires.*

AU NOM DE LA RÉPUBLIQUE, le Conseil
exécutif provisoire mande & ordonne à tous les

Corps adminiftratifs & Tribunaux, que la préfente loi ils faffent configner dans leurs regiftres, lire, publier & afficher, & exécuter dans leurs départemens & refforts refpectifs; en foi de quoi nous y avons appofé notre fignature & le fceau de la république. A Paris, le cinquième jour du mois d'octobre mil fept cent quatre-vingt-treize, l'an fecond de la république Françoife, une & indivifible. *Signé* DESTOURNELLES. *Contrefigné* GOHIER. Et fcellée du fceau de la république.

Certifié conforme à l'original.

À PARIS;

DE L'IMPRIMERIE NATIONALE EXÉCUTIVE DU LOUVRE.

M. DCC. XCIII, l'an 2.ᵉ de la République.

DÉCRET

DE LA

CONVENTION NATIONALE,

Du 6.ᵉ jour de Pluviôfe, an fecond de la République Françaife,
une & indivifible,

*Qui approuve les nominations des Gardes de Bois faites
par les Corps adminiftratifs.*

L A CONVENTION NATIONALE, après avoir entendu
le rapport de fes comités d'aliénation & des domaines réunis
& des finances, décrète ce qui fuit :

La Convention nationale approuve les nominations des
gardes de bois faites jufqu'à ce jour par les corps adminiftratifs ; elle confirme l'arrêté du département de l'Aube,
du 16 août dernier, fur l'avis du diftrict de Troyes du 19
juillet précédent, portant fixation du traitement de fix gardes
particuliers, & d'un garde général de bois.

Vifé par l'infpecteur. Signé S. E. MONNEL.

Collationné à l'original, par nous préfident & fecrétaires de la
Convention nationale. À Paris, le 10 Pluviôfe, an fecond
de la République une & indivifible. *Signé* VADIER,
préfident ; PH. CH. AI. GOUPILLEAU & ESCHASSERIAUX,
fecrétaires.

AU NOM DE LA RÉPUBLIQUE, le Confeil exécutif

provifoire mande & ordonne à tous les Corps adminiftratifs & Tribunaux, que la préfente loi ils faffent configner dans leurs regiftres, lire, publier & afficher, & exécuter dans leurs départemens & refforts refpectifs; en foi de quoi nous y avons appofé notre fignature & le fceau de la République. A Paris, le dixième jour de Pluviôfe, an fecond de la République Françaife, une & indivifible. *Signé* DALBARADE. *Contrefigné* GOHIER. Et fcellée du fceau de la République.

Certifié conforme à l'original.

A PARIS,

DE L'IMPRIMERIE NATIONALE EXÉCUTIVE DU LOUVRE.

An II.ᵉ de la République.

DÉCRET

DE LA

CONVENTION NATIONALE,

Du 15.ᵉ jour de Pluviôse, an second de la République Française,
une & indivisible,

*Qui accorde pour l'année 1793 un Supplément de
Traitement aux Gardes des Forêts nationales.*

LA CONVENTION NATIONALE, après avoir entendu le
rapport de ses comités d'aliénation & des domaines réunis &
des finances, décrète ce qui suit :

ARTICLE PREMIER.

Les gardes généraux, les gardes à cheval & les gardes à
pied des forêts nationales, recevront pour l'année 1793 un
supplément de traitement, qui leur sera continué jusqu'à la
prochaine organisation forestière.

II.

Cette indemnité sera, pour les gardes généraux & les
gardes à cheval, d'un sou par arpent des bois nationaux,
confiés à leur garde, & pour les gardes à pied, de quatre
sous par arpent.

III.

Lorsque plusieurs gardes se trouveront réunis pour veiller
à la conservation d'une forêt, sans que chacun connoisse

la portion qui lui eft confiée, ils feront cenfés garder chacun une portion égale de bois, & l'indemnité fera divifée entre eux par parties égales. Si la forêt eft gardée par des gardes à cheval & des gardes à pied, la totalité fera cenfée furveillée, 1°. par les gardes à chéval, 2°. par les gardes à pied, afin que chacun d'eux jouiffe de l'augmentation de gages qui lui eft attribuée par le préfent décret.

I V.

Le *maximum* des gages & de l'indemnité réunis des gardes généraux & des gardes à cheval, eft fixé à onze cents livres, & le *maximum* de ceux des gardes à pied, à cinq cents livres.

V.

Pour jouir de l'indemnité déterminée par le préfent décret, les gardes généraux préfenteront l'état des bois confiés à leur furveillance & des gardes qui font fous leur commandement, ainfi que celui des bois que chacun d'eux eft fpécialement chargé de furveiller, au directoire du diftrict où font fitués les bois. Les gages auxquels fera jointe l'indemnité, fans qu'ils puiffent excéder le *maximum*, ainfi qu'il eft dit dans l'article précédent, feront arrêtés par ledit directoire, & continueront d'être payés comme par le paffé, jufqu'à ce qu'il en ait été autrement ftatué par le corps légiflatif.

V I.

Les directoires de diftrict de la fituation des bois, ne feront jouir les gardes généraux & particuliers de l'indemnité fixée par le préfent décret, qu'autant qu'ils justifieront par un certificat du conseil général de leur commune, visé par le directoire du district de leur résidence, qu'ils ont rempli leurs fonctions avec zèle & exactitude.

Visé par l'inspecteur. Signé *S. E.* MONNEL.

Collationné à l'original, par nous président & secrétaires de la Convention nationale. A Paris, le 19 Pluviôse, an second de la République une & indivisible. *Signé* DUBARRAN , *président ;* ESCHASSERIAUX aîné, MATHIEU & T. BERLIER , *secrétaires.*

AU NOM DE LA RÉPUBLIQUE , le Conseil exécutif provisoire mande & ordonne à tous les Corps administratifs & Tribunaux, que la présente loi ils fassent consigner dans leurs registres, lire , publier & afficher, & exécuter dans leurs départemens & ressorts respectifs ; en foi de quoi nous y avons apposé notre signature & le sceau de la République. A Paris, le dix-neuvième jour de Pluviôse, an second de la République Française, une & indivisible. *Signé* DESTOURNELLES. *Contresigné* GOHIER. Et scellée du sceau de la République.

Certifié conforme à l'original.

A PARIS,

DE L'IMPRIMERIE NATIONALE EXÉCUTIVE DU LOUVRE.

An II.e de la République.

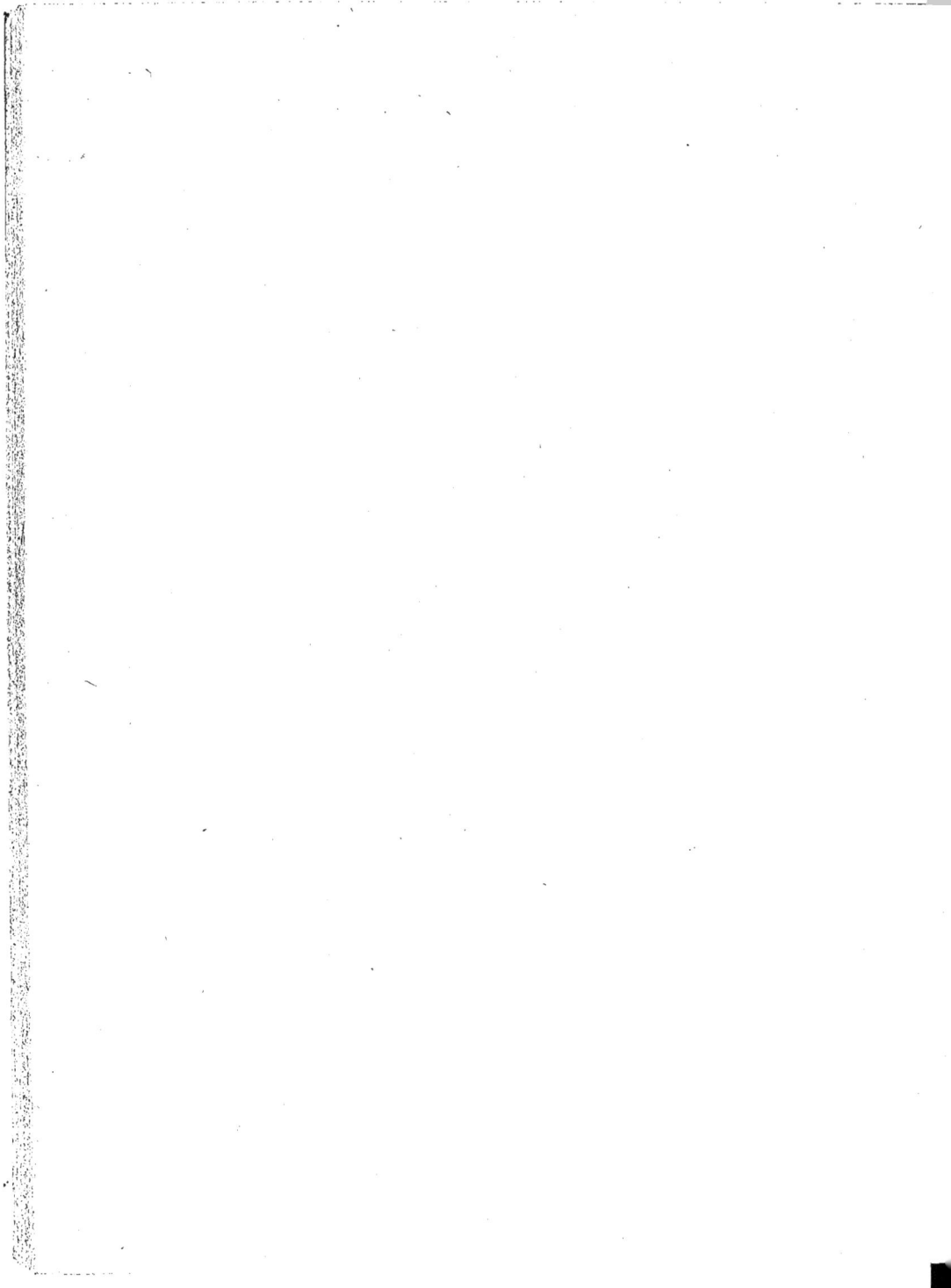

DÉCRET

DE LA

CONVENTION NATIONALE,

Du 29.ᵉ jour de Germinal, an second de la République Française, une & indivisible,

Qui ordonne le Brûlement des Herbes qui ne servent ni à la nourriture des animaux, ni aux usages domestiques ou ruraux.

LA CONVENTION NATIONALE voulant encourager la fabrication des salins & potasses nécessaires à la préparation des salpêtres, par tous les moyens compatibles avec les besoins de l'agriculture & la conservation des forêts, décrète ce qui suit :

ARTICLE PREMIER.

Toutes les herbes qui ne servent ni à la nourriture des animaux, ni aux usages domestiques ou ruraux, & qui ne font que surcharger des terrains, feront de suite brûlées pour servir à l'exploitation du salpêtre, ou converties en salins.

Sont compris dans cette classe, les fougères, les mousses, genêts, bruyères & autres plantes qui croissent dans les bois & lieux incultes.

Sont exceptées de cette classe les fougères ou autres

plantes de même nature, dans les lieux où il est d'usage de les faire servir à l'engrais des terres ou à couvrir les habitations.

I I.

Tous les propriétaires ou fermiers des bois & lieux incultes où croissent ces herbes, sont tenus de les faire brûler & d'en faire apporter les cendres dans les communes les plus voisines où l'on fabrique le salpêtre, si mieux ils n'aiment lessiver leurs cendres eux-mêmes & en préparer du salin chez eux.

Ces cendres ou ces salins leur seront payés comme il sera dit ci-après.

I I I.

Si dans l'espace de deux mois, à compter du jour du présent décret, les propriétaires ou fermiers n'ont pas exécuté cette loi, les agens nationaux prendront les moyens les plus convenables pour faire couper & brûler lesdites herbes, en invitant les citoyens à se livrer à ce travail, & sur-tout les femmes & les enfans, qui auront pour salaire le produit de la vente des cendres.

I V.

Les cendres provenant de la combustion des mauvaises herbes seront portées, dans chaque commune, au magasin qui sera indiqué par la municipalité, & l'agent national les fera payer suivant le prix fixé par l'agent de district, en raison du prix du salin fixé par le *maximum*. Les sommes nécessaires pour le paiement des cendres seront prises sur les fonds destinés à l'exploitation révolutionnaire du salpêtre, & la commission des armes & poudres pourvoira aux avances nécessaires ou au remplacement des fonds.

V.

Les cendres feront diftribuées aux ateliers de fabrication
de falpêtre révolutionnaire qui en auront befoin ; la valeur
en fera payée directement par ces ateliers , ou acquittée
ultérieurement par eux, fur le produit de la vente de leur
falpêtre.

L'agent national de chaque commune eft chargé de
l'exécution de cette partie.

Si les cendres excèdent la quantité néceffaire pour la
fabrication du falpêtre, cet excédant fera à la difpofition
de la commiffion des armes & poudres qui l'emploîra
convenablement.

V I.

Les citoyens qui , au lieu de fe borner à livrer leurs
cendres aux agens nationaux des municipalités, préféreront
de les convertir eux-mêmes en falin , afin de fe réferver
les cendres leffivées pour fervir d'engrais à leurs terres ,
feront tenus de livrer ce falin au magafin de la commune , dont il a été parlé ; il leur fera payé au prix du
maximum.

V I I.

Le citoyen qui aura ainfi livré du falin , pourra réclamer
auprès de l'agent national de diftrict , une fomme de fix
livres par quintal de falin , comme encouragement, en fus
du prix du *maximum :* cet encouragement n'aura lieu que
pendant une année, à compter de la date du préfent décret.

V I I I.

Le comité de falut public eft chargé de faire publier une
inftruction fimple fur l'art de fabriquer le falin.

4

I X.

Les adminiſtrations de diſtrict ſont chargées de veiller à l'exécution du préſent décret, de le faire imprimer & diſtribuer, ainſi que l'inſtruction qui y ſera jointe, dans toutes les communes de leur arrondiſſement, & de prendre toutes les précautions néceſſaires pour qu'il n'en réſulte aucune dégradation dans les forêts : les agens nationaux rendront compte de l'exécution au comité de ſalut public.

Viſé par l'inſpecteur. Signé C O R D I E R.

Collationné à l'original, par nous préſident & ſecrétaires de la Convention nationale. A Paris, le 11 Floréal, an 2.ᵉ de la République une & indiviſible. *Signé* DUBARRAN, *ex-préſident;* POCHOLLE & N. HAUSSMANN, *ſecrétaires.*

Pour copie conforme :

Le Commiſſaire des Adminiſtrations civiles, Police & Tribunaux.

A P A R I S;

DE L'IMPRIMERIE NATIONALE DU LOUVRE.

An II.ᵉ de la République.

L O I

B. N°. 49.

D. 257.

Qui permet à tous particuliers d'aller ramasser les glands, les faines et autres fruits sauvages dans les forêts et bois appartenant à la République.

Du 12 Fructidor, l'an deuxième de la République française , une et indivisible.

LA CONVENTION NATIONALE, après avoir entendu le rapport de ses comités d'agriculture et des domaines, décrete :

ARTICLE PREMIER.

Il est permis à tous particuliers d'aller ramasser les glands, les faines et autres fruits sauvages dans les forêts et bois qui appartiennent à la nation, en observant d'ailleurs les lois concernant leur conservation.

I I

Les troupeaux de porcs ne pourront y être introduits qu'au 10 brumaire, dans les lieux où cet usage est reçu.

I I I.

L'insertion de cette loi au bulletin de la Convention nationale, tiendra lieu de publication.

Visé par le représentant du peuple , inspecteur aux procès-verbaux.
Signé *S. E. MONNEL.*

Collationné à l'original, par nous président et secrétaires de la convention nationale. A Paris, le 13 Fructidor , an second de la République française, une et indivisible. *Signé* MERLIN (de Thionville), *président ;* COLLOMBEL (de la Meurthe) P. BARRAS , *secrétaires.*

PARIS, de l'Imprimerie du Dépôt des Lois, place de la Réunion , ci-devant du grand-Carrousel.

B. n°. 58.

D. 315.

LOI

Qui défend d'introduire des porcs, jusqu'au premier frimaire, dans les bois nationaux où se trouvent des hêtres; et ordonne que la faîne de la récolte sera convertie en huile.

Du 28 Fructidor, l'an deuxième de la République française, une et indivisible.

LA CONVENTION NATIONALE, après avoir entendu son comité d'agriculture et des arts, décrète:

ARTICLE PREMIER.

Il est défendu aux particuliers d'introduire leurs porcs dans les forêts nationales, jusqu'au premier frimaire: les porcs pris en contravention seront confisqués.

II. Sont exceptés de cette disposition les bois nationaux dans lesquels il ne se trouve point de hêtres; les porcs peuvent y être admis cette année comme les précédentes.

III. Les autorités constituées ne pourront faire aucune adjudication de glandée ni de faînée dans les forêts nationales: celles qui auraient pu être faites avant la promulgation du présent décret, sont nulles et non avenues.

IV. Les propriétaires ou possesseurs de hêtres seront tenus de déclarer à leur municipalité, avant le 20 du mois de vendémiaire, qu'ils sont dans l'intention d'en ramasser le fruit pour être converti en huile. A défaut de déclaration, la municipalité fera proclamer qu'il est libre à tout particulier de ramasser le fruit desdits arbres.

V. Les administrations de district sont autorisées à fournir, sans prix de location, à ceux qui auront de la faîne à serrer, les empla-

cemens convenables qui se trouveront dans les bâtimens nationaux
à leur disposition.

VI. La faîne des forêts nationales qui ne pourra être ramassée
par des particuliers, le sera, pour le compte de la nation, par les
soins des administrations des districts et des municipalités.

VII. La commission d'agriculture et des arts prendra toutes les
autres mesures nécessaires pour que la faîne de la récolte de cette
année soit exactement ramassée et convertie en huile.

VIII. L'insertion du présent décret au bulletin, tiendra lieu de
promulgation.

Visé par le représentant du peuple, inspecteur aux procès-verbaux,
Signé *LEBLANC.*

Collationné à l'original, par nous président et secrétaires de la Convention nationale.
A Paris, le 29 Fructidor, an second de la République française, une et indivisible. *Signé* VOULLAND, *ex-président;* J. BORIE, CORDIER, REYNAUD,
secrétaires.

À PARIS,

DE L'IMPRIMERIE DU DÉPOT DES LOIS,
Place de la Réunion, ci-devant du grand Carrousel.

AN IIe. DE LA RÉPUBLIQUE FRANÇAISE,
UNE ET INDIVISIBLE.

LOI

B. n°. 128.

D. n°. 676

Qui accorde différentes primes pour la destruction des loups.

Du 11 Ventose, l'an troisième de la République française, une et indivisible.

LA CONVENTION NATIONALE, sur le rapport de son comité d'agriculture et des arts, considérant qu'il est instant d'arrêter les ravages que les loups font dans quelques départemens, et voulant détruire, dans le territoire de la République, cette espèce vorace et nuisible à la société, décrète ce qui suit :

ARTICLE PREMIER.

Tout citoyen qui tuera une louve pleine, recevra une prime de trois cents livres; une louve non pleine, deux cents cinquante livres; un loup deux cents livres; un louveteau au-dessous de la taille du renard, cent livres.

II.

Ces sommes seront payées par les receveurs des districts, sur le mandat du directoire, qui ne pourra l'ordonnancer que d'après la présentation de la tête du loup, auquel les oreilles seront coupées pour éviter toute fraude, et sur le vu du certificat de la commune où le loup aura été tué.

Visé. Signé *S. E. MONNEL.*

Collationné. *Signé* BOURDON (de l'Oise), *président ;* PEMARTIN, RABAUT, *secrétaires.*

A PARIS,
DE L'IMPRIMERIE DU DEPOT DES LOIS.

AN IIIe DE LA REPUBLIQUE FRANÇAISE,

UNE ET INDIVISIBLE.

LOIS

Relatives aux bois des communes, et aux coupes de bois.

Du 29 Floréal, an troisième de la République française, une et indivisible.

B. n.º 149.

D. n.º 862 et 864.

LA CONVENTION NATIONALE, après avoir entendu le rapport de son comité d'agriculture et des arts, décrète que la loi du 7 brumaire, an III.ᵉ, relative aux bois dont les communes ont été mises en possession, s'applique aux réintégrations prononcées par des jugemens des tribunaux ou par des arrêtés de département.

Visé. Signé *S. E. MONNEL.*

Collationné. *Signé* BOURDON (de l'Oise), *ex-président;* MOLLEVAUT, PEYRE, *secrétaires.*

Droits de balivage ou martelage à percevoir pour les coupes de bois.

LA CONVENTION NATIONALE, après avoir entendu le rapport de ses comités des finances, d'agriculture et des arts, décrète ce qui suit:

ART. I.ᵉʳ La somme de 4 livres 10 sous par arpent, attribuée aux officiers des ci-devant maitrises des eaux et forêts, par la loi du 15 août 1792, pour balivage ou martelage des coupes ordinaires ou extraordinaires, sera perçue pour chacune des opérations qui se feront sur le taillis et la futaie sur taillis, lorsqu'elles auront lieu à des époques éloignées au moins d'un mois l'une de l'autre.

II. Lorsque ces deux opérations seront faites simultanément, il ne sera perçu que le droit entier pour l'une d'elles, et la moitié du droit pour l'autre.

III. Il ne sera perçu qu'un droit de récolement, soit que les deux opérations aient été faites ensemble ou séparément.

IV. Il ne sera dû qu'un seul droit si l'opération se fait sur taillis seul ou sur des massifs de futaie, sauf l'explication, dans tous les cas, de la loi du 4 pluviose, an III.ᵉ

V. Les agens forestiers ne pourront, sous le prétexte du silence de la loi du 15 août 1792, se dispenser de faire les visites prescrites par les anciens réglemens, sans qu'à cette occasion ils puissent prétendre à d'autres rétributions que celles fixées par la même loi.

Visé. Signé *S. E. MONNEL.*

Collationné. *Signé* BOURDON (de l'Oise), *ex-président;* MOLLEVAUT, PEYRE, *secrétaires.*

À PARIS, de l'Imprimerie du dépôt des Lois.

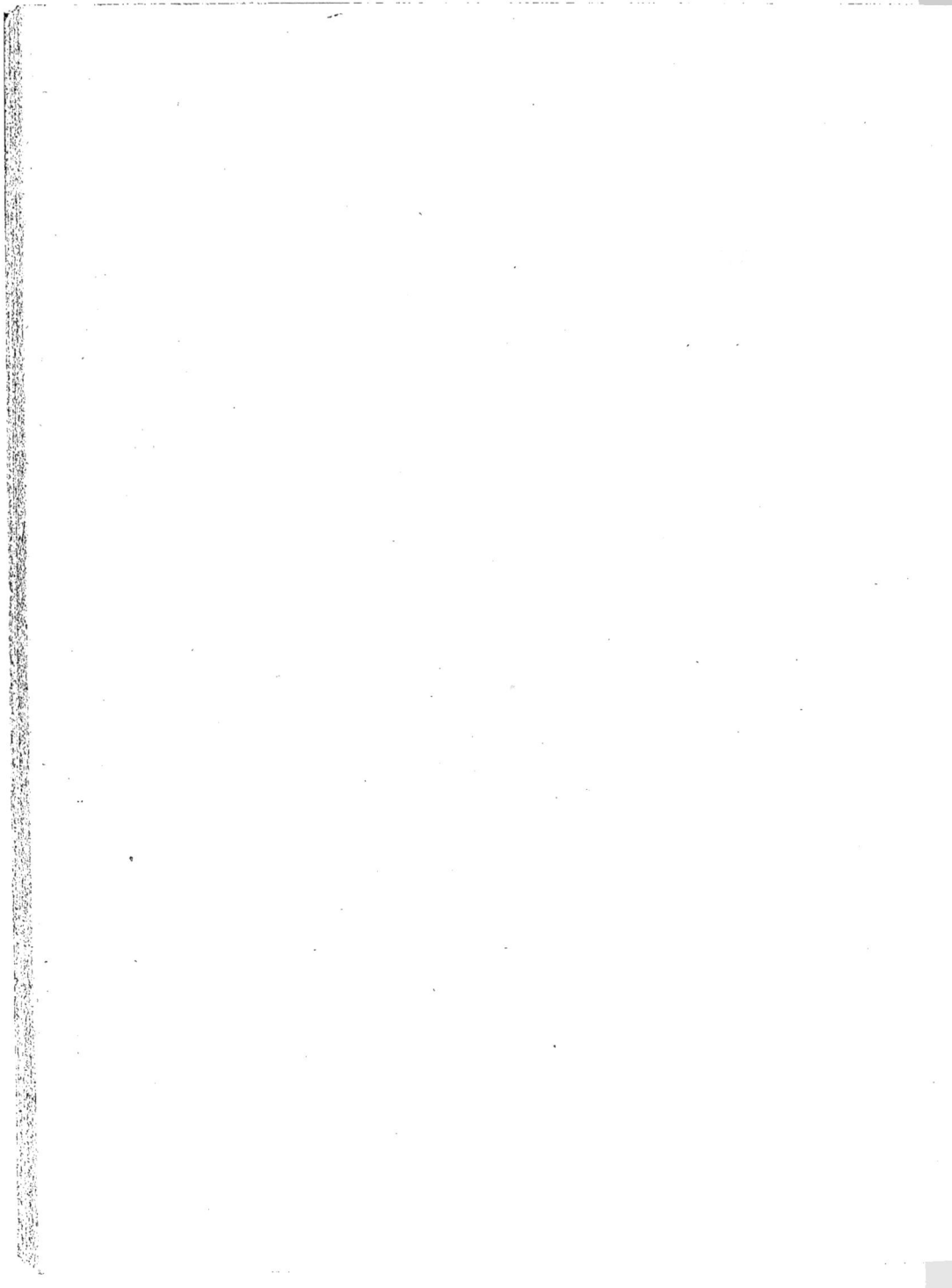

LOI

B. n°. 161.

D. n°. 941.

Qui ordonne l'établissement de gardes champêtres dans toutes les com-
munes rurales de la République.

Du 20 Messidor , an troisième de la République française une et indivisible.

LA CONVENTION NATIONALE, après avoir entendu son comité d'agriculture et
des arts , décrète ce qui suit :

ARTICLE PREMIER.

Il sera établi immédiatement après la promulgation du présent décret , des gardes
champêtres dans toutes les communes rurales de la République ; les gardes déjà
nommés dans celles où il y en a , pourront être réélus d'après le mode suivant.

II.

Les gardes champêtres ne pourront être choisis que parmi les citoyens dont
la probité , le zèle et le patriotisme seront généralement reconnus ; ils seront nommés par l'administration du district , sur la présentation des conseils-généraux des
communes ; leur traitement sera aussi fixé par le district , d'après l'avis du conseil
général , et réparti au marc la livre de l'imposition foncière.

III.

Il y aura au moins un garde par commune , et la municipalité jugera de la
nécessité d'y en établir davantage.

IV.

Tout propriétaire aura le droit d'avoir pour ses domaines un garde champêtre ; il sera tenu de le faire agréer par le conseil général de la commune , et confirmer par le district : ce droit ne pourra l'exempter néanmoins de contribuer au
traitement du garde de la commune.

V.

La police rurale sera exercée provisoirement par le juge de paix.

V I.

Les gardes champêtres seront tenus de citer devant lui les citoyens pris en flagrant délit : si le délinquant n'est pas domicilié et refuse de se rendre à la citation, le garde pourra requérir de la municipalité main-forte, et les citoyens requis ne pourront se refuser d'obéir aux ordres qui leur seront donnés.

V I I.

Sur les indications administrées par les gardes champêtres, le juge de paix pourra autoriser des recherches chez les personnes soupçonnées de vols, en présence de deux officiers municipaux.

V I I I.

Le juge de paix prononcera sans délai contre les prévenus, et jugera d'après les dispositions de la loi du 28 septembre 1791 ; la peine sera pécuniaire, et ne pourra être moindre de la valeur de cinq journées de travail , outre la restitution de la valeur du dégât ou du vol qui aura été fait, sans préjudice des peines portées par le code pénal, lorsque la nature du fait y donnera lieu ; et en ce cas le juge de paix renverra au directeur de juré.

I X.

Les jugemens prononcés seront exécutés dans la huitaine, à peine d'un mois de détention jusqu'au paiement, sans que la détention puisse excéder un mois nonobstant l'appel.

X.

A l'égard des délits commis dans les forêts nationales et particulières , le prix de la restitution et de l'amende sera provisoirement déterminé par les tribunaux , d'après la valeur actuelle des bois.

X I.

La conservation des récoltes est mise sous la surveillance et la garde de tous les bons citoyens.

X I I.

Il sera placé à la sortie principale de chaque commune , l'inscription suivante :

« CITOYEN , RESPECTE LES PROPRIÉTÉS ET LES
« PRODUCTIONS D'AUTRUI ; ELLES SONT LE
« FRUIT DE SON TRAVAIL ET DE SON INDUS-
« TRIE. »

XIII.

La Convention nationale décrète que le titre II de la loi du 6 octobre 1791, sur la police rurale, sera imprimé de nouveau, et placardé dans toutes les communes à la suite du présent décret.

XIV.

Les juges de paix, les municipalités, les corps administratifs, les procureurs des communes sont responsables de l'exécution de la présente loi.

XV.

Lecture sera faite de la présente loi par les officiers municipaux, en présence du peuple.

Visé. Signé ENJUBAULT.

Collationné. *Signé* DOULCET, *ex-président;* VILLAR, SALLENGROT, *secrétaires.*

N. B. On trouve au Dépôt des Lois, la loi du 6 octobre 1791 sur la police rurale, citée dans l'article XIII : prix, deux livres franc de port par toute la République ; et le *Code rural*, un volume *in-8.°* : prix, dix livres franc de port.

A PARIS,

DE L'IMPRIMERIE DU DÉPOT DES LOIS.

AN III. DE LA REPUBLIQUE FRANÇAISE

UNE ET INDIVISIBLE.

L O I

B. n.º 181.

D. n.º 1105.

Qui ordonne aux huissiers de faire les significations de tous actes et jugemens relatifs aux délits forestiers.

Du 29 Fructidor, an troisième de la République française une et indivisible.

La Convention nationale, après avoir entendu ses comités de législation et d'agriculture réunis, décrète :

Article premier.

Les huissiers sont tenus de faire les significations de tous actes et jugemens relatifs aux délits forestiers, à peine de destitution.

II. En cas d'insuffisance de salaire, ils sont autorisés à se pourvoir en indemnité, conformément à l'article XI de la loi du 15 août 1792, relatif aux demandes de ce genre, qu'auraient à former les agens forestiers.

III. L'insertion au bulletin de correspondance tiendra lieu de publication.

Visé. Signé Enjubault.

Collationné *Signé* L. M. Revellière-Lépaux, *ex-président ;* Poisson, Gourdan, *secrétaires.*

A Paris, de l'Imprimerie du Dépôt des Lois.

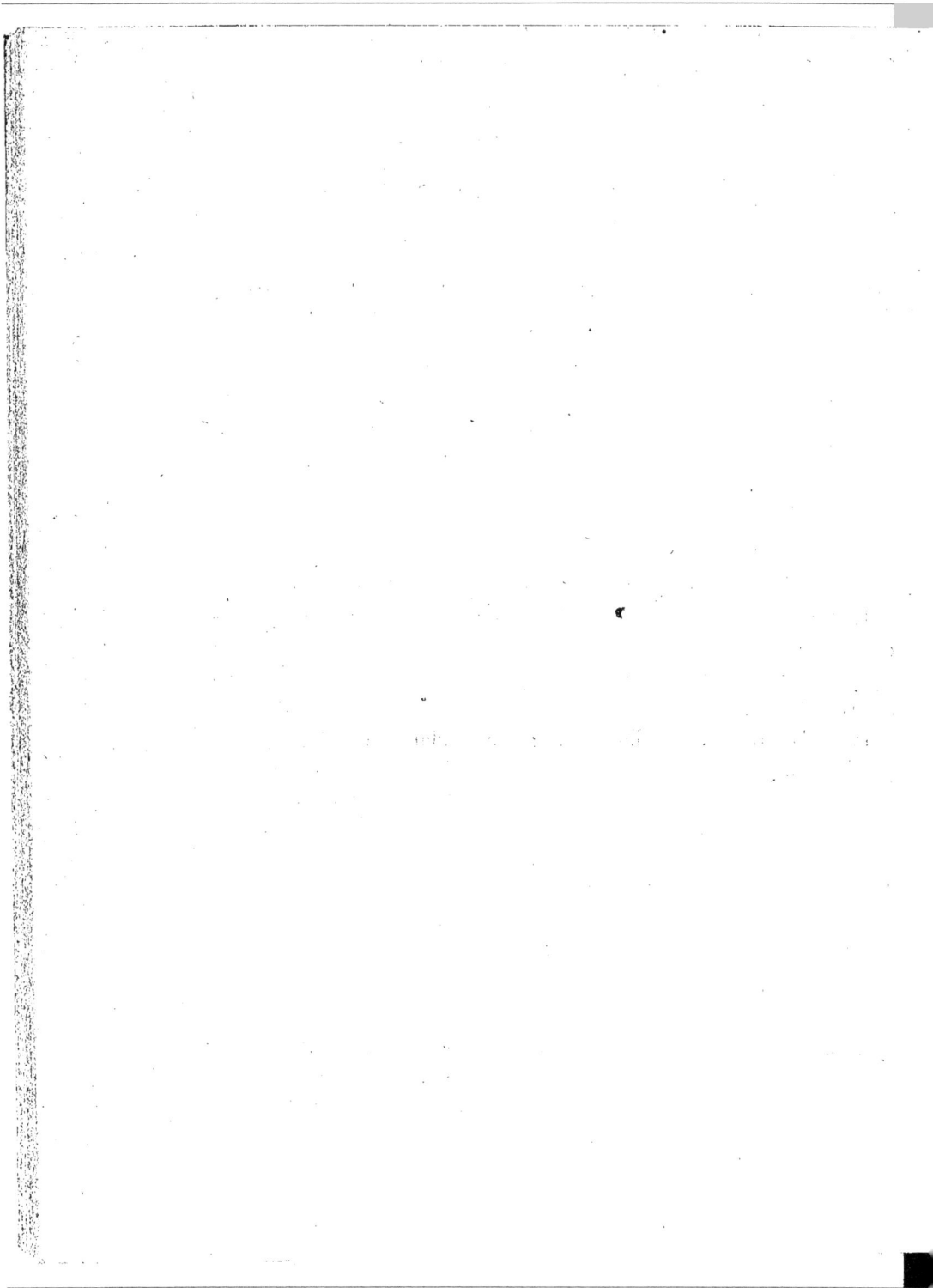

N.º 32.

Au nom de la République française.

L O I S

B. 14.

N.º 72.

Concernant l'aliénation des Forêts nationales et de plusieurs Maisons ci-devant royales.

Des 2 et 3 Nivose, an quatrième de la République française, une et indivisible.

1.º *L O I qui ordonne la vente des bois dependant des domaines nationaux.*

Du 2 Nivose, an IV.

LE CONSEIL DES ANCIENS, adoptant les motifs de la déclaration d'urgence qui précède la résolution ci-après, reconnaît l'urgence.

Suit la teneur de la déclaration d'urgence et de la résolution du premier nivose :

« LE CONSEIL DES CINQ-CENTS, considérant qu'il est instant de pourvoir à l'acquittement régulier de tous les approvisionnemens des armées et au paiement de toutes les dépenses extraordinaires,

» Déclare qu'il y a urgence.

» Le Conseil des Cinq-cents, après avoir déclaré l'urgence, prend la résolution suivante:

» Le Directoire exécutif fera procéder, dans la forme ordinaire, devant les administrateurs de département, à la vente des bois dépendant des domaines nationaux, d'une contenance de quinze mille ares (trois cents arpensforestiers environ) séparés et éloignés des autres bois et forêts d'un kilomêtre au moins (cinq cents toises environ).

» Ces ventes seront faites en numéraire ou en assignats, suivant que le Directoire le jugera le plus utile, et le prix en sera payé un tiers comptant, et les deux autres tiers en deux paiemens égaux, dans les deux mois suivans; il sera versé à la trésorerie nationale, pour être employé aux dépenses publiques. »

Signé TREILHARD, *président*;
BÉZARD, QUIROT, J. VOUSSEN, J. B. LOUVET, *secrétaires*.

Après une seconde lecture, le Conseil des Anciens APPROUVE la résolution ci-dessus.

Signé VERNIER, *président*;
CORNILLEAU, B. PARADIS, GOUPIL-PRÉFELN, ROGER-DUCOS, *secrétaires*.

Le Directoire exécutif ordonne que la loi ci-dessus, sera publiée, exécutée, et qu'elle sera munie du sceau de la République. Fait au palais national du Directoire exécutif, le 3 Nivose, an quatrième de la République française.

Pour expédition conforme, *signé* REUBELL, *président; par le Directoire exécutif, le secrétaire général,* LAGARDE; *et scellé du sceau de la République.*

B. 14.
N.° 74.

2.° *LOI qui autorise le directoire exécutif à traiter pour trente ans, de la jouissance de plusieurs forêts nationales.*

Du 3 Nivose, an IV.

LE CONSEIL DES ANCIENS, adoptant les motifs de la déclaration d'urgence qui précède la résolution ci-après, reconnaît l'urgence.

Suit la teneur de la Déclaration d'urgence et de la Résolution du 3 Nivose:

« Le Conseil des Cinq-cents, considérant qu'il ne doit rien négliger pour procurer au trésor public les secours les plus prompts, et pour assurer la prospérité des manufactures, de l'agriculture et du commerce,

» Déclare qu'il y a urgence,

» Le Conseil des Cinq-cents, après avoir déclaré l'urgence, prend la résolution suivante:

ARTICLE PREMIER.

» Le Directoire exécutif est autorisé à traiter de la jouissance des forêts ci-devant royales, de Fontainebleau, Compiègne, Laigne et Hallate, pour un espace de trente ans, à la charge par les acquéreurs, de se conformer aux aménagemens et aux dispositions des lois. Les fonds provenant de ces traités, seront versés à la trésorerie nationale, pour être employés au service public.

II. » Le Directoire exécutif provoquera et recevra les offres des associations et compagnies de commerce. Il pourra traiter avec celles de ces compagnies qui voudront aider de leurs fonds ou de leur crédit le trésor public, et leur délivrer des assignations sur les revenus provenant des autres forêts nationales, dont les adjudications annuelles continueront d'être faites dans les formes prescrites par les lois.

Signé TREILHARD, président ;

BÉZARD, J. B. LOUVET, QUIROT, J. VOUSSEN, secrétaires.

Après une seconde lecture, le Conseil des Anciens APPROUVE la résolution ci-dessus.

Signé VERNIER, président ;

GOUPIL-PRÉFELN B. PARADIS, ROGER-DUCOS, CORNILLEAU, secrétaires.

Le Directoire exécutif ordonne que la loi ci-dessus, sera publié, exécutée, et qu'elle sera munie du sceau de la République. Fait au palais national du Directoire exécutif, le 4 Nivose, an quatrième de la République française.

Pour expédition conforme, signé REUBELL, président; par le Directoire exécutif, le secrétaire général, LAGARDE; et scellé du sceau de la République.

3.º *LOI qui ordonne la vente de plusieurs maisons et parcs dépendant de la cidevant liste civile, ou provenant des ci-devant princes émigrés.*

B. n.º 14.
N.º 75.

Du 3 Nivôse, l'an quatrième de la République française, une et indivisible.

LE CONSEIL DES ANCIENS, adoptant les motifs de la déclaration d'urgence qui précède la résolution ci-après, reconnaît l'urgence.

Suit la teneur de la déclaration d'urgence et de la résolution du 3 Nivôse.

« Le Conseil des Cinq-cents considérant que le moyen de terminer glorieusement la guerre est de développer des ressources imposantes pour repousser les efforts des ennemis de la République, déclare qu'il y a urgence.

« Le Conseil des Cinq-cents après avoir décléré l'urgence, a pris la résolution suivante :

« Le Directoire exécutif fera procéder dans la forme ordinaire, d'après les divisions et subdivisions qui seront jugées les plus utiles, et devant les administrations de département, à la vente des maisons et parcs de Saint-Cloud, Meudon, Vincennes, Madrid, Bagatelle, Choisy, Marly, Saint-Germain, Maison-Carrières, le Vézinet, Rambouillet, Chambord, Chantilly, Chanteloup, le Pin, et de toutes les autres maisons et parcs dépendant de la ci-devant liste civile ou provenant des ci-devant princes émigrés, à l'exception seulement des maisons principales de Versailles, Fontainebleau et Compiègne, destinées à des établissemens publics.

» Ces ventes seront faites en numéraire ou en assignats, suivant que le Directoire le jugera le plus utile; les prix seront payés un tiers comptant, et les deux autres tiers en deux paiemens égaux dans les deux mois suivans; ils seront versés à la trésorerie nationale pour être employés aux dépenses publiques.

Signé TREILHARD, *président;*
BÉZARD, QUIROT, J. VOUSSEN, J. B. LOUVET, *secrétaires.*

Après une seconde lecture, le Conseil des Anciens APPROUVE la résolution ci-dessus.

Signé VERNIER, *président;*
CORNILLEAU, B. PARADIS, GOUPIL-PRÉFELN, ROGER-DUCOS, *secrétaires.*

4.° LOI *qui met à la disposition du Directoire exécutif le château Trompette et ses dépendances.*

Du 3 Nivose, an IV.

LE CONSEIL DES ANCIENS adoptant les motifs de la déclaration d'urgence qui précède la résolution ci-après, reconnaît l'urgence.

Suit la teneur de la Déclaration d'urgence et de la Résolution du 3 Nivose:

« Le Conseil des Cinq cents, considérant que les moyens les plus certains de ramener l'ordre et l'abondance dans les finances, sont de livrer promptement à l'industrie particulière, les différens emplacemens qui, sans être d'aucun produit à la République, lui coûtent au contraire beaucoup, en frais de surveillance et de garde.

» Déclare qu'il y a urgence;

» Après avoir déclaré l'urgence, le Conseil adopte la résolution suivante:

» Le château Trompette et ses dépendances sont mis à la disposition du Directoire exécutif; il sera libre de le faire vendre dans les formes prescrites par les lois, sur l'aliénation des biens nationaux, soit en numéraire, soit en assignats, de la manière qu'il jugera la plus utile et la plus profitable à la République.

Le produit en sera versé à la trésorerie nationale, pour être employé aux dépenses du service public.

Signé TREILHARD, *président;*
BÉZARD, J. B. LOUVET, QUIROT, J. VOUSSEN, *secrétaires.*

Après une seconde lecture, le Conseil des Anciens APPROUVE la résolution ci-dessus.

Signé VERNIER, *président;*
GOUPIL-PRÉFELN, B. PARADIS, CORNILLEAU, ROGER-DUCOS, *secrétaires.*

A PARIS de l'Imprimerie du Dépôt des Lois.

N.º 178.

ARRÊTÉ

Du Directoire exécutif, portant qu'il n'y a pas lieu à délibérer sur un référé du tribunal correctionnel de Soissons, concernant la propriété des arbres plantés sur les grandes routes.

Du 28 Floréal, an **IV** de la République française, une et indivisible.

LE DIRECTOIRE EXÉCUTIF, sur le compte qui lui a été rendu par le ministre de la justice, d'un jugement du tribunal correctionnel de l'arrondissement de Soissons, département de l'Aisne, du 25 germinal dernier, portant qu'il sera référé au Corps législatif, par l'intermédiaire de ce ministre, de la question de savoir si le citoyen Leduc-la-Tournelle, en faisant abattre des arbres plantés sur le grand chemin de Soissons à Paris, dont il était concessionnaire en vertu d'un arrêt du ci-devant conseil, en date du 20 février 1774, et moyennant finance, a contrevenu à l'article XVIII de la loi du 28 août 1792, portant *que jusqu'à ce qu'il ait été statué sur les arbres des routes nationales, nul ne pourra s'approprier lesdits arbres et les abattre ; que leurs fruits seulement, les bois morts, appartiendront aux riverains, ainsi que les élagages, quand il sera utile d'en faire, et ce, de l'agrément des corps administratifs, et à la charge par lesdits riverains d'entretenir lesdits arbres, et remplacer les morts;*

Vu le jugement ci-dessus daté, ensemble ledit arrêt du ci-devant conseil, et la quittance du trésorier général des ponts et chaussées;

Considérant que les arbres plantés sur les chemins ci-devant dits royaux, ont toujours fait partie du domaine public, reconnu inaliénable dans la main des ci-devant rois, et dont les aliénations faites, même à titre onéreux, postérieurement à l'ordonnance de 1566, qui a consacré cette inaliénabilité, n'ont pu être regardées, et ne l'ont été en effet par l'Assemblée nationale constituante, que comme de simples engagemens, révocables à perpétuité, et que tel est le texte formel de l'article XXIV de la loi du 22 novembre 1790, sur les principes de la nouvelle législation domaniale ;

Considérant que depuis, le décret du 22 septembre 1791 a prononcé la révocation de toutes les aliénations des domaines nationaux, déclarées révocables par la loi précitée; que, dès-lors, la concession des arbres plantés sur la route nationale de Soissons à Paris, était incontestablement comprise dans ce nombre; qu'ainsi le concessionnaire n'avait plus aucun droit de propriété sur ces arbres, et que tout ce qu'il pouvoit prétendre en vertu de sa concession, c'est le remboursement de la finance par lui payée à l'époque d'icelle, en exécution de l'article XXV de la loi du 22 novembre 1790.

Considérant, au surplus, que le titre même de sa concession, l'arrêt du ci-devant conseil, de 1774, ne lui conférait qu'un simple droit de jouissance, et non la faculté d'abattre les arbres qui en étaient l'objet; que c'est ce qui résulte en effet des termes mêmes de cet arrêt du conseil, par lesquels le concessionnaire est expressément obligé *d'entretenir lesdits arbres, et de remplacer ceux qui viendraient à manquer*, condition qui exclut nécessairement la faculté d'en disposer et de les abattre; que dans cet état, il rentrait dans les dispositions de l'article XVIII de la loi du 28 août 1792; qu'il ne pouvait en conséquence s'approprier lesdits arbres, mais seulement en percevoir les fruits, prendre les bois morts, et les élagages, s'il y avait lieu d'en faire; qu'en les faisant couper, et en les vendant à son profit, il est évidemment en contravention, tant à son propre titre qu'au vœu général de la loi, et que cette entreprise doit être réprimée par les autorités publiques chargées de veiller à la conservation des propriétés nationales;

Considérant enfin, qu'aux termes de l'article III de la loi du 10 vendémiaire dernier, sur l'organisation du ministère, le ministre de la justice ne doit pas transmettre directement au Corps législatif les questions qui lui sont proposées par les tribunaux, et *qui exigent une interprétation de la loi*, mais qu'il doit *les soumettre au Directoire exécutif, qui les transmet au Conseil des Cinq-cents;* qu'il suit évidemment de cette disposition, que les référés des tribunaux ne doivent être transmis au Conseil des Cinq-cents par le Directoire exécutif, que lorsqu'ils présentent de véritables doutes à éclaircir, des questions proprement dites à résoudre , et qu'il est du devoir du Directoire exécutif de ne pas se rendre, auprès du Corps législatif, l'intermédiaire de référés qui ne présenteraient aux législateurs rien qui fût digne de leur attention, et qui ne tendraient qu'à consumer en pure perte leurs plus précieux instans,

ARRÈTE qu'il n'y a pas lieu à délibérer sur le référé dont il s'agit.

Le présent arrêté sera inséré dans le Bulletin des lois.

Pour expédition conforme , *signé* C A R N O T , *président ;* par le Directoire exécutif, *le secrétaire général ,* LAGARDE.

A P A R I S,

DE L'IMPRIMERIE DU DÉPOT DES LOIS.

AN IV°. DE LA REPUBLIQUE FRANÇAISE,

UNE ET INDIVISIBLE.

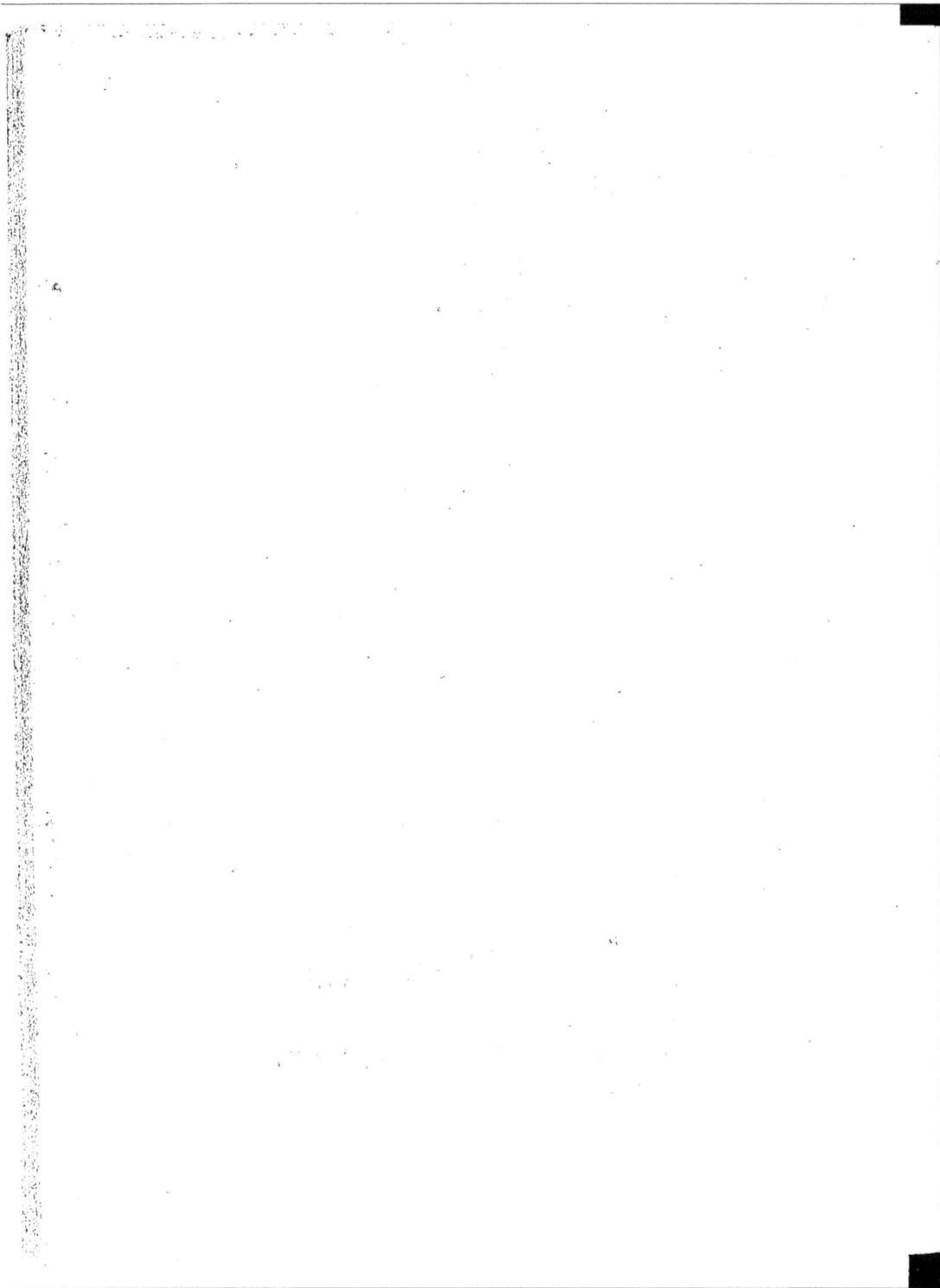

N°. 236.

ARRÊTÉ

B. 62.
N°. 571.

Du Directoire exécutif, qui prescrit des formalités pour les coupes extraordinaires de bois.

Du 8 Thermidor, an IV de la République française, une et indivisible.

LE DIRECTOIRE EXÉCUTIF, sur le rapport du ministre des finances, ARRÊTE ce qui suit :

ARTICLE PREMIER.

Les articles Ier du titre XV, et IV du titre XXIV de l'ordonnance des eaux et forêts de 1669, et les articles VII, VIII et IX du titre VII de la loi du 29 septembre 1791, concernant l'administration forestière, seront exécutés selon leur forme et teneur.

II. En conséquence nulles coupes de quarts de réserve ou autres bois, autres que les coupes ordinaires, en conformité des procès-verbaux de leurs aménagemens, ne pourront être faites qu'elles n'aient été autorisées par le Pouvoir exécutif.

III. Les corps administratifs ne pourront en ordonner ni adjuger aucune, qu'en vertu de cette autorisation, à peine de nullité desdites adjudications, et de tous dommages et intérêts envers ceux qui les ordonneraient et adjugeraient, et même envers les adjudicataires.

IV. Lorsqu'une coupe extraordinaire aura été autorisée par le Pouvoir exé-

N.° 4.

outif, il sera fait mention expresse de l'autorisation, dans les affiches et dans procès-verbal d'adjudication.

V. Les agens forestiers et les préposés de la régie de l'enregistrement et du domaine national, sont chargés, sous leur responsabilité, de s'opposer à toute coupe extraordinaire qui ne serait pas revêtue de ces formalités, et d'en donner sur-le-champ connaissance au ministre des finances, qui demeure chargé de l'exécution du présent arrêté, qui sera imprimé dans le Bulletin des lois.

Pour expédition conforme, *signé* **L. M. Réveillère-Lépeaux**, *président ;* par le Directoire exécutif, *le secrétaire général,* **Lagarde.**

A PARIS,
DE L'IMPRIMERIE DU DÉPOT DES LOIS,
place du Carrousel

N.º 241.

Au nom de la République française.

LOI

B. 63.

N°. 581.

Relative à la prestation de serment des employés de la régie de l'enregistrement, des gardes forestiers, des Experts, etc.

Du 16 Thermidor, an IV de la République française, une et indivisible.

LE CONSEIL DES ANCIENS, adoptant les motifs de la déclaration d'urgence qui précède la résolution ci-après, approuve l'acte d'urgence.

Suit la teneur de la déclaration d'urgence et de la Résolution du 14 Thermidor :

Le Conseil des Cinq-cents, considérant que la suppression des tribunaux de disrict ne permet plus aux employés de la régie de l'enregistrement, aux gardes forestiers, aux experts, d'y prêter le serment qui leur est imposé par les lois ; que leur transport auprès du tribunal civil du département entraîne des longueurs et des frais péjudiciables à l'intérêt public et particulier, et qu'il est instant d'y pourvoir,

Déclare qu'il y a urgence.

Après avoir déclaré l'urgence, le Conseil prend la résolution suivante :

ARTICLE PREMIER.

Les employés à la régie de l'enregistrement, les gardes forestiers, les experts, et tous autres qui, à raison de leurs emplois ou fonctions, sont assujetis par les lois à une prestation préalable de serment, sont autorisés, lorsqu'ils ne résident pas dans la commune où le tribunal civil du département est établi, à prêter leur serment devant le juge paix de l'arrondissement dans lequel ils sont pour leurs fonctions ou pour leur commission.

N.ᵒˢ 2, 4, 9.

II. Il sera dressé acte de cette prestation : les employés de la régie, les gardes forestiers, et tous autres employés et fonctionnaires, en enverront tout de suite l'extrait au greffe du tribunal civil du département, pour y être enregistré; pourront néanmoins les experts se dispenser de cet envoi, à la charge de joindre extrait de leur prestation de serment à leur rapport, lorsqu'ils le remettent au greffe.

III. La présente résolution sera imprimée.

Signé, Boissy, *président*;
Ruelle, Bornes, Raraïlon, Emm. Postoret, *secrétaires.*

Après une seconde lecture, le Conseil des Anciens APPROUVE la résolution ci-dessus. Le 16 Thermidor, an IV de la République, française.

Signé, Dusaulx, *président*;
G. Desgraves, Himbert, Dupont (de Nemours), *secrétaires.*

Le Directoire exécutif ordonne que la loi ci-dessus sera publiée, exécutée et qu'elle sera munie du sceau de la République. Fait au palais national du Directoire exécutif, le 16 Thermidor, an IV de la République française.

Pour expédition conforme, *signé* L. M. Reveillère-Lépeaux, *président ;* par le Directoire exécutif, *le secrétaire général* Lagarde ; *et scellé du sceau de la République.*

A PARIS,

DE L'IMPRIMERIE DU DEPOT DES LOIS,

Place du Carrousel.

N. 253.

Au nom de la République française.

B. 66.
N.º 601.

L O I

Relative à la répression des délits ruraux et forestiers.

Du 23 Thermidor, an IV de la République française, une et indivisible.

LE CONSEIL DES ANCIENS, adoptant les motifs de la déclaration d'urgence qui précède la résolution ci-après, approuve l'acte d'urgence.

Suit la teneur de la Déclaration d'urgence et de la Résolution du 21 Thermidor :

Le Conseil des Cinq-cents, après avoir entendu le rapport de sa commission ; considérant que le défaut de la nouvelle organisation de la gendarmerie nationale ôte à la police rurale et forestière un grand moyen de surveillance ;

Considérant que l'absence d'une infinité de jeunes cultivateurs maintenant occupés à combattre les ennemis de la République, commande au Corps législatif des mesures coercitives, afin de conserver à ces braves citoyens les récoltes abondantes qui se trouvent sur leurs terres ;

Considérant que les moissons étant en pleine activité dans la plupart des départemens, il est impossible d'attendre la révision des lois relative à la police rurale et forestière, pour chercher à prévenir et à réprimer les délits qui se multiplient,

Déclare qu'il y a urgence.

Après avoir déclaré l'urgence, le Conseil prend la résolution suivante :

N. 2, 3, 4 et 9.

ARTICLE PREMIER.

Les procès-verbaux des gardes champêtres et forestiers ne seront pas soumis à la formalité de l'enregistrement : les gardes champêtres seront seulement tenus d'en affirmer la sincérité, dans les vingt-quatre heures, devant le juge de paix ou l'un de ses assesseurs.

II. La peine d'une amende de la valeur d'une journée de travail, ou d'un jour d'emprisonnement, fixée comme la moindre par l'article 606 du code des délits et des peines, ne pourra, pour tout délit rural et forestier, être au-dessous de trois journées de travail ou de trois jours d'emprisonnement.

III. Les lois rendues sur la police rurale seront au surplus exécutées.

IV. La présente résolution sera imprimée.

Signé Boissy, *président ;*
Ruelle, Barailon, *secrétaires.*

Après une seconde lecture, le Conseil des Anciens APPROUVE la résolution ci-dessus. Le 23 Thermidor, an IV de la République française.

Signé Dusaulx, *président ;*
Himbert, G. Desgraves, Durand-Maillanne, Dupont (de Nemours), *secrétaires.*

Le Directoire exécutif ordonne que la loi ci-dessus sera publiée, exécutée, et qu'elle sera munie du Sceau de la République. Fait au palais national du directoire exécutif. Le 24 thermidor, an quatrième de la République française.

Pour expédition conforme, *signé* L. M. Réveillere-Lépeaux, *président ;*
par le Directoire exécutif, *le secrétaire général*, Lagarde ; *et scellé du sceau de la République.*

A Paris, de l'Imprimerie du Dépôt des Lois, place du Carrousel.

N.º 273.

ARRÊTÉS

Du Directoire exécutif, relatifs à la coupe des bois.

Du 8 Fructidor, an IV de la République française.

1.º *ARRÊTÉ du Directoire exécutif, qui détermine le mode et les termes de paiement du prix des coupes de bois de l'an V.*

Du 8 Fructidor, an IV.

LE DIRECTOIRE EXÉCUTIF, sur le rapport du ministre des finances ; considérant que les comités de salut public et des finances, par un arrêté du 6 vendémiaire dernier, et que le représentant du peuple *Giroust,* par celui du 30 du même mois, ont fixé les termes de paiement du prix des coupes de bois destinées pour la présente année ; que ces termes ne peuvent plus être les mêmes pour les adjudications de l'année prochaine, et qu'il importe à l'intérêt du trésor public de déterminer la manière dont sera payé le prix de ces adjudications, arrête ce qui suit :

ARTICLE PREMIER.

Les adjudicataires des coupes des bois destinés pour l'année prochaine, seront assujétis, par les cahiers des charges des adjudications, à payer le prix desdits bois en numéraire, ou en papier au cours du jour où le paiement sera fait.

II. Les termes des paiemens seront fixés à un an, savoir : la moitié, six mois à compter du jour de l'adjudication; et l'autre moitié, six mois après, sans espérance d'aucune prolongation de délai, et sous les peines portées par les ordonnances et réglemens, contre les adjudicataires en retard : ils seront tenus en outre de payer comptant, en la forme ordinaire, les deux sous pour livre du prix de leurs adjudications.

III. Les dispositions des articles précédens auront leur exécution pour les adjudications des bois des départemens réunis, sauf néanmoins que les termes des paiemens seront réduits à six mois, de manière que la moitié en soit acquittée, trois mois à compter du jour de l'adjudication, et l'autre moitié trois mois après.

Le ministre des finances est chargé de l'exécution du présent arrêté, qui sera imprimé dans le Bulletin des lois.

Pour expédition conforme, *signé*, **L. M. Réveillère-Lépeaux**, *président*; par le Directoire exécutif, *le secrétaire général*, **Lagarde**.

2.º *ARRÊTÉ du Directoire exécutif, qui ordonne la vente des arbres dépérissant et nuisibles dans les coupes ordinaires de bois appartenant aux établissemens ecclésiastiques, dans les départemens réunis le 9 vendémiaire, an IV.*

Du 8 Fructidor, an IV.

Le Directoire exécutif, sur le rapport du ministre des finances, arrête :

Il sera procédé, au fur et mesure des coupes ordinaires des bois appartenant aux établissemens ecclésiastiques, dans l'étendue des pays réunis à la République française par la loi du 9 vendémiaire de l'an IV, à la vente, en la manière accoutumée, des arbres dépérissans et nuisibles qui s'y trouveront, à la charge d'y réserver, par chaque arpent, au moins six anciens, dix modernes, outre les baliveaux de l'âge du taillis, le tout suivant la marque qui en sera préalablement faite par les agens forestiers; et le prix qui en proviendra, sera versé dans la caisse des préposés de la régie de l'enregistrement.

Le présent arrêté sera imprimé dans le Bulletin des lois.

Pour expédition conforme. *Signé* **L. M. Réveillère-Lépeaux**, *président ;* par le Directoire exécutif, *le secrétaire-général*, **Lagarde**.

A Paris, de l'Imprimerie du Dépôt des Lois, place du Carrousel.

N°. 287.

Au nom de la République française.

L O I

B. 73.

N. 672.

*Interprétative du décret du 8 Septembre 1793 (vieux style),
relatif aux baux des biens des émigrés, comprenant des
parties de bois.*

Du 15 Fructidor, an IV de la République française, une et indivisible.

Le Conseil des Anciens, adoptant les motifs de la déclaration d'urgence qui précède la résolution ci-après, approuve l'acte d'urgence.

Suit la teneur de la déclaration d'urgence et de la résolution du 6 Fructidor :

Le Conseil des Cinq-cents, considérant que le décret du 8 septembre 1793 (*vieux style*), n'a eu pour objet que de faire cesser l'erreur dans laquelle étaient tombés plusieurs corps administratifs, en n'exceptant pas les bois, des adjudications des biens d'émigrés qu'ils affermaient, et non de porter atteinte aux baux conventionnels qui ont une date authentique et antérieure au 9 février 1792, et qu'il est instant de faire cesser les doutes qui se sont élevés sur cette partie de la législation,

Déclare qu'il y a urgence.

Le Conseil, après avoir déclaré l'urgence, prend la résolution suivante:

ARTICLE PREMIER.

Les dispositions du décret du 8 septembre 1793 ne sont applicables qu'aux baux par adjudication faits par les corps administratifs postérieurement à la loi

N.° 12.

du 9 février 1792, et non aux baux conventionnels qui ont une date authentique et antérieure à ladite loi, lesquels sont maintenus.

II. La présente résolution sera imprimée.

Signé Emm. Pastoret, *Président ;*

Ozun, Bourdon, Noaille, Peyre, *secrétaires.*

Après une seconde lecture, le Conseil des Anciens approuve la résolution
ci-dessus. Le 15 Fructidor, an IV de la République française.

Signé Muraire, *président ;*

Fourcade, Ferroux, Pecheur, *secrétaires.*

Le Directoire exécutif ordonne que la loi ci-dessus sera publiée, exécutée, et
qu'elle sera munie du Sceau de la République. Fait au palais national du
directoire exécutif. Le 16 Fructidor, an quatrième de la République française.

Pour expédition conforme, *signé* L. M. Reveillière-Lépeaux *président ;* par le
Directoire exécutif, *le secrétaire général,* Lagarde. *Et scellé du sceau
de la République.*

A Paris, de l'Imprimerie du dépôt des Lois, place du Carrousel.

N.º 311.

Au nom de la République française.

B. 78.

N.º 718.

L O I

QUI fixe le mode de paiement des adjudications de bois pour l'an V.

Du quatrième jour complémentaire, an IV de la République française, une et indivisible.

LE CONSEIL DES ANCIENS, adoptant les motifs de la déclaration d'urgence qui précède la résolution ci-après, approuve l'acte d'urgence.

Suit la teneur de la Déclaration d'urgence et de la Résolution du 30 Fructidor :

Le Conseil des Cinq-cents, après avoir entendu la commission des finances sur les demandes du Directoire exécutif, relatives aux adjudications des coupes ordinaires de bois pour l'an V, et à la fixation des termes des paiemens à faire par les adjudicataires ;

Considérant qu'après avoir pourvu à la célérité et à la régularité du recouvrement des différens revenus, il convient d'activer pareillement la recette du prix des adjudications, et d'en déterminer les époques d'une manière plus convenable au service de la trésorerie nationale ,

Déclare qu'il y a urgence.

Le Conseil des Cinq-cents, après avoir déclaré l'urgence, prend la résolution suivante :

ARTICLE PREMIER.

Le prix des adjudications de bois pour l'ordinaire prochain sera payable en valeur réelle et effective, dans le cours de l'an V.

N.º 4, 9.

II. Le Directoire exécutif pourra régler les époques de paiement suivant les besoins du service, de manière qu'une portion soit acquittée comptant dans les dix jours de l'adjudication ; et le surplus, ainsi qu'il sera convenu par le cahier des charges.

III. Il pourra être stipulé dans les conditions, que les adjudicataires fourniront, par avance, des lettres de change à différentes usances, suivant les termes de leur adjudication.

IV. La présente résolution sera imprimée.

Signé EMM. PASTORET, *Président ;*
OZUN, PEYRE, BOURDON, NOAILLE, *Secrétaires.*

Après une seconde lecture, le Conseil des Anciens APPROUVE la résolution ci-dessus. Le quatrième jour complémentaire, an IV de la République française.

Signé MURAIRE, *président.*
FERROUX, PÊCHEUR, FOURCADE, *secrétaires.*

Le Directoire exécutif ordonne que la loi ci-dessus sera publiée, exécutée, et qu'elle sera munie du sceau de la République. Fait au palais national du Directoire exécutif, le cinquième jour complémentaire, an IV de la République française, une et indivisible.

Pour expédition conforme, *signé*, L. M. REVEILLÈRE-LÉPEAUX, *président ;* Par le Directoire exécutif, *le secrétaire-général*, LAGARDE ; *et scellé du sceau de la République.*

A PARIS, de l'Imprimerie du Dépôt des Lois, place du Carrousel.

N.° 315.

ARRÊTÉ

Du Directoire exécutif, qui fixe le mode et les termes des paiemens du montant des adjudications de bois pour l'an V.

B. 79.
N.° 781.

Du 4 Vendémiaire, an V de la République française, une et indivisible.

LE DIRECTOIRE EXÉCUTIF, considérant que par l'article II de la loi du quatrième jour complémentaire dernier, il est autorisé à régler les époques de paiement suivant les besoins du service, de manière qu'une portion soit acquittée comptant dans les dix jours de l'adjudication, et le surplus, ainsi qu'il sera convenu par le cahier des charges ; que l'article III porte qu'il pourra être stipulé que les adjudicataires fourniront, par avance, des lettres de change à différentes usances, suivant les termes de leur adjudication ; que le motif de cette loi est d'activer la recette du prix des bois, et d'en déterminer les époques d'une manière plus convenable au service de la trésorerie nationale ; ce qui nécessite à faire quelques changemens à son arrêté du 8 fructidor précédent, par lequel il avoit fixé les termes des mêmes paiemens,

ARRÊTE que le montant des adjudications des bois destinés pour la présente année, sera payé, savoir : le cinquième en espèces, dans la décade du jour des adjudications ; et les quatre autres cinquièmes en traites acceptées, savoir, à trois mois d'échéance pour le premier, à quatre mois pour le second, à cinq pour le troisième, à six pour le quatrième.

Les adjudicataires seront tenus, en outre, de payer comptant les deux sous pour livre du prix principal, en la forme ordinaire.

Le ministre des finances est chargé de l'exécution du présent arrêté, qui sera imprimé dans le bulletin des lois.

Pour expédition conforme, *signé* L. M. REVELLIÈRE-LÉPEAUX, *président ;* par le Directoire exécutif, *le secrétaire général*, LAGARDE.

A PARIS, de l'Imprimerie du Dépôt des Lois.
N.ᵒˢ 4, 9.

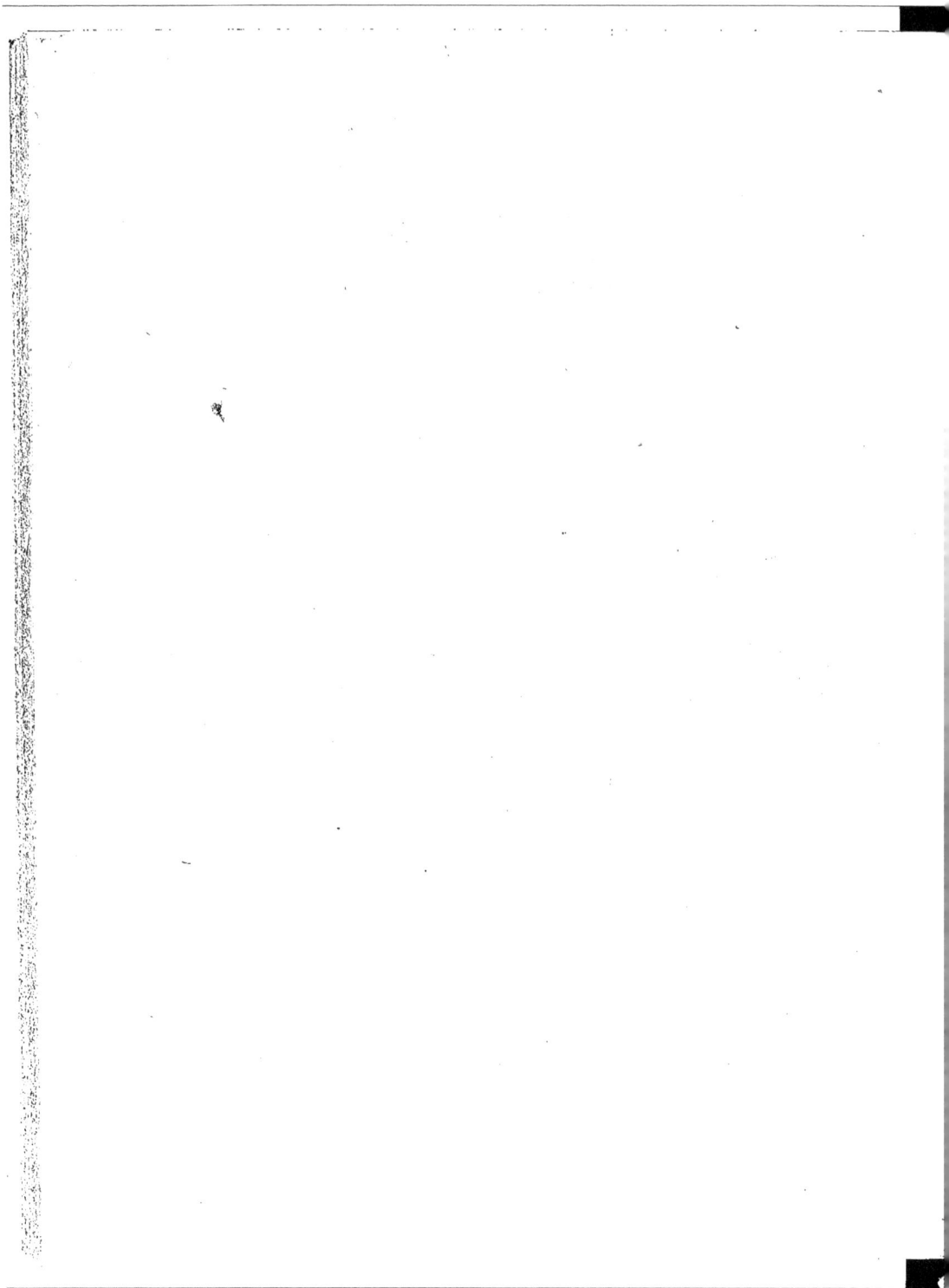

ARRÊTÉ

Du Directoire exécutif, qui interdit la chasse dans les forêts nationales.

Du 28 Vendémiaire, an V de la République française, une et indivisible.

LE DIRECTOIRE EXÉCUTIF, sur le rapport du ministre des finances; considérant que le port d'arme et la chasse sont prohibés dans les forêts nationales et des particuliers, par l'ordonnance de 1669 et par la loi du 30 avril 1790;

Que l'article IV, titre XXX de l'ordonnance de 1666, fait défenses à toutes personnes de chasser à feu et d'entrer ou demeurer de nuit dans les forêts domaniales, ni même dans les bois des particuliers avec armes à feu, à peine de cent livres d'amende, et de punition corporelle s'il y échoit; que les articles VIII et XII du même titre défendent d'y prendre aucune aire d'oiseaux, et d'y détruire aucune espèce de gibier, avec engins, tels que tirasses, traînaux, tonnelles, etc. sous les mêmes peines; que l'article I.er de la loi du 30 avril 1790, défend à toutes personnes de chasser, en quelque temps et de quelque manière que ce soit, sur le terrain d'autrui, sans préjudice de plus grands dommages-intérêts s'il y échoit,

ARRÊTE ce qui suit:

ARTICLE PREMIER.

La chasse dans les forêts nationales est interdite à tous particuliers sans distinction.

II. Les gardes sont tenus de dresser, contre les contrevenans, les procès-verbaux dans la forme prescrite pour les autres délits forestiers, et de les remettre à l'agent national près la ci-devant maîtrise de leur arrondissement.

III. Les prévenus seront poursuivis en conformité de la loi du 3 brumaire,

N.os 3, et 4.

an IV, relative aux délits et aux peines, et seront condamnés aux peines pécuniaires prononcées par les lois ci-dessus citées.

IV. Le ministre des finances est chargé de l'exécution du présent arrêté, qui sera envoyé aux départemens, imprimé et affiché.

Pour expédition conforme, *Signé* L. M. RÉVEILLÈRE-LÉPEAUX, *président ;* par le Directoire exécutif, *le secrétaire-général*, LAGARDE.

A PARIS, de l'Imprimerie du dépôt des Lois, place du Carrousel. Et se trouve dans les villes, chef-lieu de département, au bureau de correspondance du Dépôt des Lois.

ARRÊTÉ

Du Directoire exécutif, qui détermine les rapports existans entre les commissaires du Gouvernement près les administrations et près les tribunaux, et qui prescrit des mesures pour la poursuite des délits.

Du 4 Frimaire, an V de la République française, une et indivisible.

LE DIRECTOIRE EXÉCUTIF, revu son arrêté du 20 pluviôse, an IV, par lequel il a fixé les rapports qui doivent avoir lieu entre ses commissaires près les administrations municipales et ceux qui sont établis près les administrations départementales, d'une part; ses commissaires près les tribunaux correctionnels et ceux qui sont placés près les tribunaux criminels de l'autre;

Considérant qu'il est également essentiel pour l'exécution des lois, d'assurer et de maintenir uniformément entre ses commissaires près les administrations et près les tribunaux, les relations qui ont dû s'établir entre eux d'après leurs fonctions respectives; que d'ailleurs il importe de prendre des mesures nécessaires pour mettre le Gouvernement à portée d'avoir sans cesse l'œil ouvert sur tous les délits, ainsi que sur l'exécution des jugemens rendus en matière criminelle, correctionnelle et de police;

Après avoir entendu le ministre de la justice,

ARRÊTE ce qui suit:

ARTICLE PREMIER.

Aussitôt que le commissaire du Directoire exécutif près chaque administration départementale, est informé, soit officiellement, soit par la rumeur publique, soit par des rapports ou avertissemens particuliers, qu'un délit quelconque a

Nº. 1, 3.

été commis dans le département, ou que les auteurs d'un délit commis ailleurs y sont retirés, il est tenu, sous sa responsabilité personnelle, de faire parvenir aux commissaires du Directoire exécutif près le tribunal criminel du département et près le tribunal correctionnel de l'arrondissement, tous les renseignemens qu'il a reçus ou recueillis à cet égard.

II. Réciproquement, aussitôt que le commissaire du Directoire exécutif près chaque tribunal criminel ou correctionnel, est informé, soit officiellement, soit par la rumeur publique, soit par des rapports ou avertissemens particuliers, qu'il a été commis ou qu'il se trame, dans le ressort de ce tribunal, un crime de nature à troubler la tranquillité publique, il est tenu, sous sa responsabilité personnelle, d'en donner avis au commissaire du Directoire exécutif près l'administration départementale, et de lui faire passer tous les renseignemens qui peuvent mettre cette administration à portée de prendre les mesures de police administratives nécessaire pour arrêter ou prévenir toute espèce de trouble.

III. Les commissaires du Directoire exécutif près les administrations municipales établies dans chaque arrondissement de tribunal correctionnel, demanderont au commissaire du Directoire exécutif près ce tribunal, tous les éclaircissemens dont ils auront besoin pour se diriger dans la poursuite des délits qui sont de la compétence des tribunaux de police.

Le commissaire du Directoire exécutif près le tribunal correctionnel, sera tenu de leur répondre dans les trois jours.

En cas de négligence de sa part, ils en avertiront le commissaire du Directoire exécutif près le tribunal criminel, lequel en fera mention dans l'état mentionné en l'article IX ci après.

IV. A compter de la publication du présent arrêté, les commissaires du Directoire exécutif près les administrations municipales établies dans l'arrondissement de chaque tribunal correctionnel, feront parvenir, tout les décadis, au commissaire du Directoire exécutif près ce tribunal, l'état des délits qui, pendant les dix jours précédens, auront été commis dans leurs cantons respectifs, soit que ces délits soient de nature à être jugés par les tribunaux de police, soit qu'ils doivent être poursuivis par les juges de paix ou directeurs du jury, en leur qualité d'officiers de police judiciaire.

V. Cet état indiquera, en même temps, les poursuites qui auront été faites tant pour constater les délits que pour en découvrir et arrêter les auteurs.

VI. Lorsque, dans les dix jours précédens, il n'aura été commis dans un canton aucun délit qui soit venu à la connaissance du commissaire du Directoire exécutif près l'administration municipale, celui-ci sera tenu d'en envoyer un certificat, signé de lui, au commissaire du Directoire exécutif près le tribunal correctionnel.

VII. A compter pareillement de la publication du présent arrêté, les commissaires du Directoire exécutif près les tribunaux correctionnels, feront parvenir, tous les décadis, au commissaire du Directoire exécutif près le tribunal criminel de leur ressort, le tableau des délits qui, dans les dix jours précédens, seront parvenus à leur connaissance, soit par les états que leur auront envoyés les commissaires du Directoire exécutif près les administrations municipales, soit par toute autre voie.

VIII. Ce tableau indiquera, en même temps, l'état actuel des poursuites faites soit devant le tribunal de police, soit devant l'officier de police judiciaire, soit devant le directeur du jury, soit devant le tribunal correctionnel, contre les auteurs de chaque délit.

Le commissaire du Directoire exécutif près le tribunal correctionnel, y rendra spécialement compte de ses opérations personnelles, en ce qui concernera les affaires dépendant directement de son ministère, et il y désignera, en outre, les commissaires du Directoire exécutif près les administrations municipales qui ne se seraient pas conformés aux dispositions des articles IV, V et VI ci-dessus.

IX. Le premier de chaque mois, les commissaires du Directoire exécutif près les tribunaux criminels adresseront au ministre de la justice un état indicatif des commissaires du Directoire exécutif près les administrations municipales et les tribunaux correctionnels qui se seront exactement conformés, chacun en ce qui le concerne, aux dispositions des articles III, IV, V et VI du présent arrêté, et de ceux qui n'y auraient pas obtempéré, ou qui ne l'auraient fait qu'imparfaitement.

X. Indépendamment de l'état mentionné en l'article IV, le commissaire du Directoire exécutif près chaque administration municipale, sera tenu, à compter de l'époque y déterminée, d'adresser, tous les décadis, au commissaire du Directoire exécutif près le tribunal correctionnel de l'arrondissement, l'état des jugemens du tribunal de police qui, dans les dix jours précédens, auront prononcé des amendes ou des emprisonnemens, et d'y rendre compte des diligences qu'il aura faites pour leur exécution.

XI. Indépendamment de l'état mentionné en l'article VII, le commissaire du Directoire exécutif près chaque tribunal correctionnel, fera parvenir, tous les décadis, au commissaire du Directoire exécutif près le tribunal criminel du département, l'état général des jugemens tant des tribunaux de police que du tribunal correctionnel, qui, dans les dix jours précédens, auront prononcé des amendes ou des emprisonnemens, et il y rendra compte des diligences qui auront été faites pour leur exécution, tant par lui que par les commissaires près les administrations municipales, chacun en ce qui le concernera.

· XII. Dans le cas où les jugemens rendus dans les dix jours précédens, ne seraient pas encore exécutés lors de la formation des états respectifs dont il est parlé dans les articles X et XI, le compte des diligences relatives à leur exécution sera rendu dans l'état de la décade suivante.

XIII. Le premier de chaque mois, les commissaires du Directoire exécutif près les tribunaux criminels, adresseront au ministre de la justice un relevé général des jugemens mentionnés dans les articles X et XI, ainsi que des mesures prises pour leur exécution, sauf, dans le cas où ils ne seraient pas encore exécutés lors de la formation de ce relevé, à rapporter dans le relevé général du mois suivant, le compte des diligences relatives à cette exécution.

XIV. Le 15 de chaque mois, le ministre de la justice mettra sous les yeux du Directoire exécutif, les états et relevés mentionnés aux articles IX et XIII ci-dessus ; et le Directoire exécutif révoquera, en conséquence ceux de ses commissaires qui auront manqué de zèle ou d'exactitude.

Le présent arrêté sera inséré au bulletin des lois.

Il sera publié et exécuté dans les départemens réunis par la loi du 9 vendémiaire, an IV, comme dans les autres départemens de la République.

Les ministres de la justice, de l'intérieur et de la police générale, sont chargés de son exécution, chacun en ce qui le concerne.

Pour expédition conforme, *signé* BARRAS, *président ;* par le Directoire exécutif, *le secrétaire général*, LAGARDE.

A PARIS,

DE L'IMPRIMERIE DU DEPOT DES LOIS,

place du Carrousel.

Et se trouve dans les villes chefs-lieux de départemens, au bureau de correspondance du Dépôt des Lois.

ARRÊTÉ

Du Directoire exécutif, concernant les perquisitions de bois coupés en délits ou volés.

Du 4 Nivose, an V de la République française, une et indivisible.

LE DIRECTOIRE EXÉCUTIF,

Vu, 1.º l'article IV de la loi du 11 décembre 1789, qui » défend à toutes
» personnes le débit, la vente et l'achat en fraude des bois coupés en délit,
» sous peine, contre les vendeurs et acheteurs frauduleux, d'être poursuivis
» selon la rigueur des ordonnances, et décrète que par les gardes de bois,
» maréchaussées et huissiers sur ce requis, la saisie desdits bois coupés en délit,
« soit faite, mais que la perquisition desdits bois ne pourra l'être qu'en pré-
» sence d'un officier municipal, qui ne pourra s'y refuser »;

2.º L'article V du titre IV de la loi du 29 septembre 1791, sur l'administration forestière, portant que « les gardes (forestiers) suivront les bois de délit
» dans les lieux où ils auront été transportés, et les mettront en séquestre,
» mais ne pourront s'introduire dans les ateliers, bâtimens et cours adjacentes,
» qu'en présence d'un officier municipal, ou par autorité de justice »;

3.º L'article XLI du code des délits et des peines, du 3 brumaire an IV,
portant que « les gardes champêtres et les gardes forestiers, considérés comme
» officiers de police judiciaire, sont chargés (entre autres choses) de suivre les
» objets volés, dans les lieux où ils ont été transportés, et de les mettre en sé-
» questre, sans pouvoir néanmoins s'introduire dans les maisons, ateliers, bâti-
» mens et cours adjacentes, si ce n'est en présence soit d'un officier ou agent
» municipal ou de son adjoint, soit d'un commissaire de police »;

Informé qu'au mépris de ces dispositions, quelques agens municipaux se sont
refusés à accompagner les gardes forestiers dans les perquisitions que ceux-ci

N.ᵉˢ 3, 4.

les requéraient de faire avec eux, de bois coupés en délit et transportés dans des maisons, bâtimens, ateliers ou cours adjacentes, et qu'ils ont coloré leur refus, de l'article 359 de la Constitution, suivant lequel « aucune visite do-» miciliaire ne peut avoir lieu qu'en vertu d'une loi, et pour la personne ou l'ob-» jet désigné dans l'acte qui ordonne la visite »;

Considérant, d'une part, que les lois ci-dessus mentionnées remplissent par-faitement la première des deux conditions exigées par l'acte constitutionnel pour autoriser une visite domiciliaire; de l'autre que la seconde de ces conditions est également remplie par cela seul que les gardes forestiers, chargés en leur qualité d'*officiers de police judiciaire*, de juger s'il y a lieu à visite domiciliaire pour la perquisition des bois volés, requièrent les officiers ou agens municipaux, ou leurs adjoints, de les accompagner dans cette perquisition;

Considérant que rien n'est plus urgent que d'assurer l'exécution des lois faites pour la répression des délits forestiers;

Après avoir entendu le ministre de la justice,

ARRÊTE ce qui suit :

ARTICLE PREMIER.

Tout garde forestier qui jugera utile ou nécessaire à la recherche des bois coupés en délit ou volés, d'en faire perquisition dans un bâtiment, maison, atelier ou cour adjacente, requerra le premier officier ou agent municipal ou son adjoint, ou commissaire de police du lieu, de l'accompagner dans cette perquisition, et désignera dans l'acte qu'il dressera à cette fin, l'objet de la visite, ainsi que les personnes chez lesquelles elle devra avoir lieu.

II. L'officier, agent ou adjoint municipal, ou commissaire de police, ainsi requis, ne pourra se refuser d'accompagner sur-le-champ le garde forestier dans la perquisition.

Il sera tenu en outre, conformément à l'article VIII du titre IV de la loi du 29 septembre 1791, de signer le procès-verbal de perquisition du garde avant l'affirmation, sauf au garde à faire mention du refus qu'il en ferait.

III. Tout officier, agent ou adjoint municipal qui contreviendra soit à l'une, soit à l'autre des dispositions de l'article précédent, sera, par le commissaire du Directoire exécutif près l'administration municipale du canton, dénoncé à l'administration centrale du département, laquelle sera tenue de suspendre le contrevenant de ses fonctions, conformément à l'article 194 de l'acte Cons-titutionnel, et d'en rendre compte sur-le-champ au ministre de la police géné-rale, pour sur son rapport, être, par le Directoire exécutif, statué sur la tra-duction de l'officier suspendu, devant les tribunaux.

IV. Tout commissaire de police qui se trouvera dans le cas de l'article précédent, sera, par le commissaire du Directoire exécutif près l'administration municipale, dénoncé tant à l'administration municipale elle-même, qui sera tenue de le destituer, conformément à l'article XXVI du code des délits et des peines, qu'à l'accusateur public, qui procédera, à son égard, ainsi qu'il est réglé par les articles CCLXXXIV et suivans du code des délits et des peines.

Le présent arrêté sera inséré au Bulletin des lois. Les ministres de la justice, des finances et de la police générale, sont chargés, chacun en ce qui le concerne, de veiller à son exécution.

Pour expédition conforme, *signé* P. BARRAS, *président*; par le Directoire exécutif, *le secrétaire-général*, LAGARDE; *et scellée du sceau de la République.*

A PARIS,

DE L'IMPRIMERIE DU DÉPOT DES LOIS,

place du Carrousel.

Et se trouve dans les villes chef-lieux de département, au bureau de correspondance du Dépôt des Lois.

Au nom de la République française.

L O I

Portant que les échangistes dépossédés seront rétablis dans la jouissance des objets par eux donnés en échange.

Du 7 Nivose, an V de la République française, une et indivisible.

L E CONSEIL DES ANCIENS, adoptant les motifs de la déclaration d'urgence qui précède la résolution ci-après, approuve l'acte d'urgence.

Suit la teneur de la Déclaration d'urgence et de la Résolution du 21 Frimaire.

Le Conseil des cinq-cents, considérant que la justice exige, en attendant qu'on ait fixé la législation sur les domaines engagés et échangés, de prendre une mesure provisoire à l'égard de certains échangistes dont les biens par eux donnés, et ceux qu'ils ont pris en échange, se trouvent dans les mains de la nation, Déclare qu'il y a urgence.

Le Conseil après avoir déclaré l'urgence, prend la résolution suivante :

ARTICLE PREMIER.

Les échangistes dépossédés depuis la loi du 10 frimaire, an II, sans avoir été rétabli dans la jouissance des objets cédés en échange par eux ou par leurs auteurs, seront réintégrés sur-le-champ, par les administrations centrales, dans les biens dont ils ont été dépouillés, sans préjudice des droits de la nation, et de ceux des échangistes, qui les feront valoir ainsi qu'il appartiendra.

II. La présente résolution sera imprimée.

Signé QUINETTE, *président ;*
LECOINTE-PUYRAVEAU, HARDY, G. MALÈS, *secrétaires.*

Après une seconde lecture, le Conseil des Anciens APPROUVE la résolution ci-dessus. Le 7 Nivose, an V de la République française.

Signé B. PARADIS, *président* ;
B. M. DECOMBEROUSSE, P. LOYSEL, GUINEAU, DERAZEY, *secrétaires.*

Le Directoire exécutif ordonne que la loi ci-dessus sera publiée, exécutée, et qu'elle sera munie du sceau de la République. Fait au palais national du Directoire exécutif, le 7 Nivose an V de la République française.

Pour expédition conforme, *signé* P. BARRAS, *président ;* par le Directoire exécutif, *le secrétaire général*, LAGARDE ; *et scellée du sceau de la République.*

A PARIS,

DE L'IMPRIMERIE DU DEPOT DES LOIS,

Place du Carrousel.

Et se trouve dans les villes chefs-lieux de département au bureau de correspondance du Dépôt des Lois.

ARRÊTÉ

Du Directoire exécutif, qui déclare applicables à la recherche des bois volés sur les rivières ou ruisseaux flottables et navigables, les dispositions de l'arrêté du 4 Nivose présent mois.

Du 26 Nivose, an **V** de la République française, une et indivisible.

LE DIRECTOIRE EXÉCUTIF, informé que sans respect pour les propriétés, des habitans des communes riveraines des rivières et ruisseaux flottables, se permettent de voler les bois lors du passage des *flots*; que ces vols se multiplient dans une progression tout-à-la-fois alarmante pour le commerce qu'ils découragent, et dangereuse pour l'approvisionnement, auquel ils apportent une diminution sensible; que la difficulté d'atteindre les auteurs de ces vols, et leur impunité, donnent au mal une activité effrayante;

Voulant faire cesser de pareils abus, et considérant qu'il n'est, pour y parvenir, que le moyen des perquisitions domiciliaires; que les mêmes motifs qui ont déterminé à les permettre aux gardes forestiers pour la recherche des bois coupés en délit ou volés, sont applicables aux bois qui se volent sur les rivières, ports et ruisseaux flottables,

ARRÊTE ce qui suit :

ARTICLE PREMIER.

Les dispositions de l'arrêté du 4 nivose an V, relatives à la recherche ou perquisition des bois coupés en délit ou volés, sont applicables à la recherche

Nos 3, 4.

des bois volés sur les rivières ou ruisseaux flottables et navigables : en consé-quence, tous inspecteurs de la navigation ou gardes de rivière commissionnés par le ministre de l'intérieur, reçus et assermentés devant les tribunaux, sont autorisés à faire la recherche et perquisition des bois volés sur les rivières et ruisseaux flottables et navigables et le long d'iceux, de la manière énoncée aux articles I, II, III et IV dudit arrêté; et les officiers, agens, adjoints munici-paux et commissaires de police, tenus de les accompagner dans les perquisi-tions, lorsqu'ils en seront requis, comformément aux dispositions dudit arrêté, et sous les peines y portées.

II. Les ministres de l'intérieur, de la justice, et de la police générale, sont chargés, chacun en ce qui le concerne, de l'exécution du présent arrêté, qui sera inséré au Bulletin des lois.

Pour expédition conforme, *signé*, P. BARRAS, *président ;* par le Direc-toire exécutif, *le secrétaire-général*, LAGARDE.

A PARIS,

DE L'IMPRIMERIE DU DÉPOT DES LOIS,

place du Carrousel.

Et se trouve dans les villes chefs-lieux de départemens, au bureau de correspondance du Dépôt des Lois.

ARRÊTÉ

Du Directoire exécutif, concernant la chasse des animaux nuisibles.

Du 19 Pluviose, an V de la République française, une et indivisible.

LE DIRECTOIRE EXÉCUTIF, sur le rapport du ministre des finances; considérant que son arrêté du 28 vendémiaire dernier, portant défenses de chasser dans les forêts nationales, ne doit mettre aucun obstacle à l'exécution des réglemens qui concernent la destruction des loups et autres animaux voraces;

Que l'ordonnance de janvier 1583, article XIX, enjoint aux agens forestiers de rassembler un homme par feu de leur arrondissement, avec armes et chiens propres à la chasse aux loups, trois fois l'année, aux temps les plus commodes;

Que celles de 1600 et de 1601, ainsi que les arrêts du ci-devant conseil, des 6 février 1697 et 14 janvier 1698, leur enjoignent de contraindre les sergens louvetiers à chasser aux loups, renards et autres animaux nuisibles, et de veiller à ce que cette chasse soit faite de trois mois en trois mois, ou plus souvent, suivant qu'il en sera besoin, par ceux qui avaient le droit exclusif de chasse dans leurs terres,

ARRÊTE ce qui suit :

ARTICLE PREMIER.

L'arrêté du 28 vendémiaire dernier, relatif à la prohibition de chasser dans les forêts nationales, continuera d'être exécuté.

II. Néanmoins, il sera fait dans les forêts nationales et dans les campagnes, tous les trois mois, et plus souvent s'il est nécessaire, des chasses et battues générales ou particulières, aux loups, renards, blaireaux et autres animaux nuisibles.

N.° 4.

III. Les chasses et battues seront ordonnées par les administrations centrales des départemens, de concert avec les agens forestiers de leur arrondissement, sur la demande de ces derniers et sur celle des administrations municipales de canton.

IV. Les battues ordonnées seront exécutées sous la direction et la surveillance des agens forestiers, qui régleront, de concert avec les administrations municipales de canton, les jours où elles se feront, et le nombre d'hommes qui y seront appelés.

V. Les corps administratifs sont autorisés à permettre aux particuliers de leur arrondissement qui ont des équipages et autres moyens pour ces chasses, de s'y livrer sous l'inspection et la surveillance des agens forestiers.

VI. Il sera dressé procès-verbal de chaque battue, du nombre et de l'espèce des animaux qui y auront été détruits : un extrait en sera envoyé au ministre des finances.

VII. Il lui sera également envoyé un état des animaux détruits par les chasses particulières mentionnées en l'article V, et même par les piéges tendus dans les campagnes par les habitans; à l'effet d'être pourvu, s'il y a lieu, sur son rapport, au paiement des récompenses promises par l'article XX, section IV du code rural, et le décret du 11 ventose an III.

VIII. Le ministre des finances est chargé de l'exécution du présent arrêté, qui sera envoyé aux administrations centrales des départemens.

Pour expédition conforme, *signé* REUBELL, *président;*
par le Directoire exécutif, *le secrétaire-général,* LAGARDE.

A PARIS,

DE L'IMPRIMERIE DU DEPOT DES LOIS,

Place du Carrousel.

Et se trouve dans les villes chefs-lieux de département, au bureau de correspondance du Dépôt des Lois.

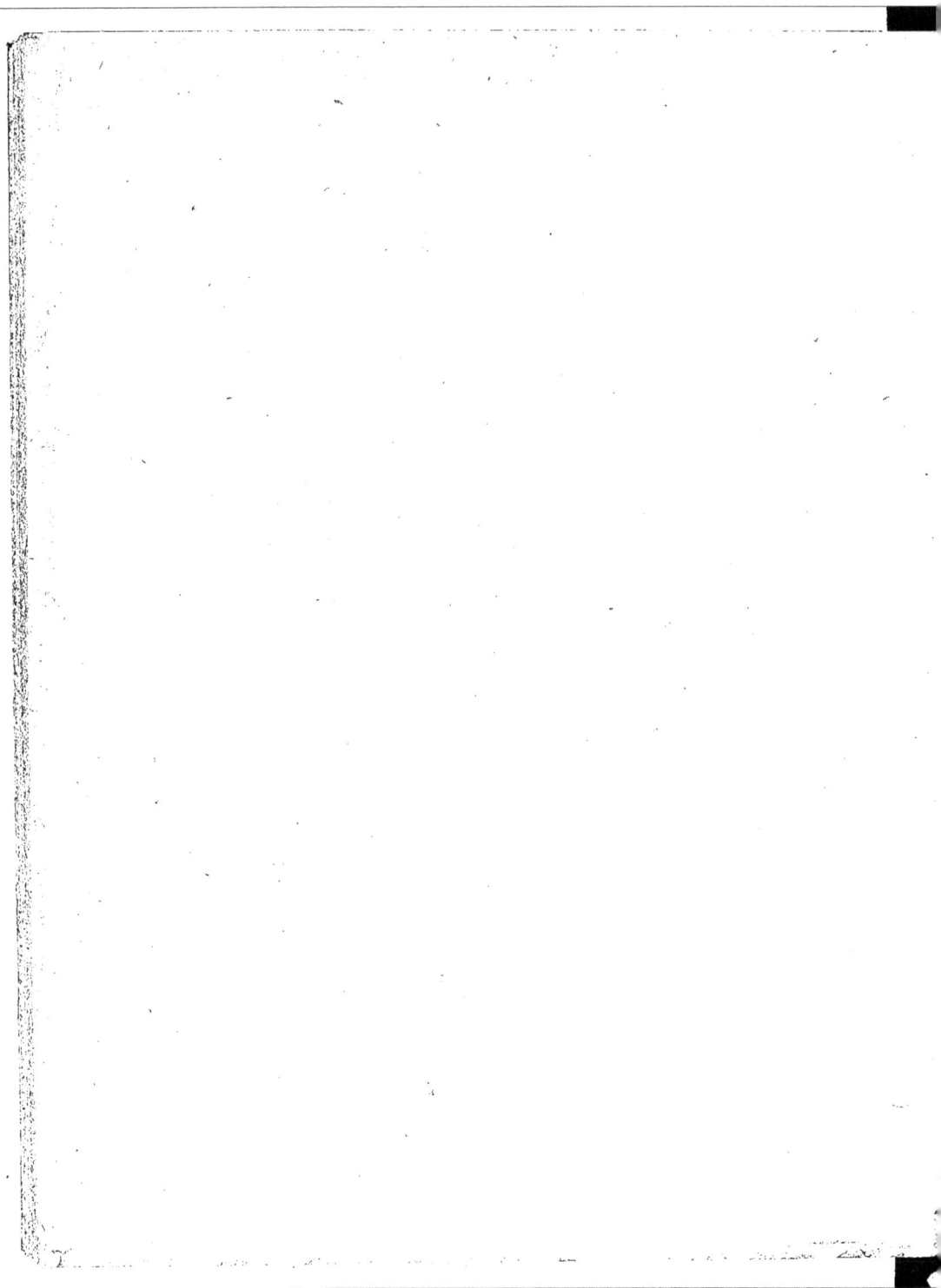

Au nom de la République française.

L O I

Relative à la destruction des loups.

Du 10 Messidor an **V** de la République française, une et indivisible.

LE CONSEIL DES ANCIENS, adoptant les motifs de la déclaration d'urgence qui précède la résolution ci-après, approuve l'acte d'urgence.

Suit la teneur de la Déclaration d'urgence et de la Résolution du 9 Messidor :

Le Conseil des Cinq-cents, après avoir entendu sa commission spéciale nommée sur le message du Directoire exécutif, du 11 brumaire dernier;

Considérant que, depuis plus d'une année, des plaintes multipliées arrivent des départemens sur les dévastations que commettent les loups, qu'il est intéressant d'atténuer, autant que possible, un fléau aussi terrible pour les troupeaux que pour les habitans des campagnes; voulant légitimer les mesures prises par le ministre de l'intérieur pour en arrêter le cours,

Déclare qu'il y a urgence.

Le Conseil, après avoir déclaré l'urgence, prend la résolution suivante : ·

ARTICLE PREMIER.

Les fonds accordés provisoirement aux administrations départementales pour la destruction des loups , par ordre du ministre de l'intérieur, seront alloués à ce ministre, sauf par lui de justifier de l'emploi.

II. La loi du 11 ventose an III est abrogée; et à l'avenir, par forme d'indemnité et d'encouragement, il sera accordé à tout citoyen une prime de cinquante livres par chaque tête de louve pleine, quarante livres par chaque tête de loup, et vingt livres par chaque tête de louveteau.

N°. 4.

III. Lorsqu'il sera constaté qu'un loup, enragé ou non, s'est jeté sur des hommes ou enfans, celui qui le tuera aura une prime de cent cinquante liv.

IV. Celui qui aura tué un de ces animaux et voudra toucher l'une des primes énoncées dans les deux articles précédens, sera tenu de se présenter à l'agent municipal de la commune la plus voisine de son domicile, et d'y faire constater la mort de l'animal, son âge et son sexe; si c'est une louve, il sera dit si elle est pleine ou non.

V. La tête de l'animal, et le procès-verbal dressé par l'agent municipal, seront envoyés à l'administration départementale, qui délivrera un mandat sur le receveur du département, sur les fonds qui seront, à cet effet, mis entre ses mains par ordre du ministre de l'intérieur.

VI. Le Directoire exécutif est autorisé à laisser subsister et même à former, s'il y a lieu, des établissemens pour la destruction des loups.

VII. La présente résolution sera imprimée.

Signé HENRI LARIVIÈRE, président;
VILLARET-JOYEUSE, JOURDAN, DELAHAYE, AYMÉ, secrétaires.

Après une seconde lecture, le Conseil des Anciens APPROUVE la résolution ci-dessus. Le 10 Messidor an V de la République française.

Signé BERNARD (de Saint-Affrique), président;
PORCHER, GIRAUD (de Nantes), secrétaires.

Le Directoire exécutif ordonne que la loi ci-dessus sera publiée, exécutée, et qu'elle sera munie du sceau de la République. Fait au palais national du Directoire exécutif, le 11 Messidor an V de la République française.

Pour expédition conforme, signé CARNOT, président; par le Directoire exécutif, le secrétaire général, LAGARDE; et scellé du sceau de la République.

A PARIS, de l'Imprimerie du Dépôt des Lois, place du Carrousel.

Et se trouve dans les villes chefs-lieux de département, au bureau de correspondance du Dépôt des Lois.

ARRÊTÉ

DU DIRECTOIRE EXECUTIF,

Concernant les adjudications des coupes des bois nationaux.

Du 5 Thermidor an V de la République française, une et indivisible.

Le Directoire exécutif, sur le rapport du ministre des finances;

Considérant que si les circonstances l'ont déterminé à statuer, par son arrêté du 4 vendémiaire dernier, que le prix des adjudications des coupes de bois nationaux pour l'an V, serait payé en totalité dans les six mois du jour de l'adjudication, elles permettent aujourd'hui de donner de plus grandes facilités aux adjudicataires;

Considérant que les administrations municipales, qui sont chargées de faire ces adjudications, ont adopté des manières de procéder différentes, notamment au sujet des tiercemens, doublemens et folles enchères; qu'il en est qui vendent sur place, et par pieds d'arbres ou petits lots, ce qui rend le recouvrement difficile et embarrassant, et la surveillance impossible; qu'il en est même qui ont cru pouvoir se permettre d'insérer dans les cahiers des charges, des clauses qui ne sont pas conformes aux lois et règlemens; qu'il est nécessaire de les rappeler à leur exécution, et d'établir cette uniformité si desirable en toute administration;

Considérant enfin qu'il importe de prescrire des mesures efficaces pour connaître promptement l'état et le montant des adjudications,

N.os 9, 10.

Arrête ;

ARTICLE PREMIER.

Le cinquième du prix des adjudications qui vont être faites pour l'an VI des coupes de bois nationaux, continuera d'être payé dans la décade du jour de l'adjudication, non compris les deux sous pour livre, qui seront payés comptant, aux termes de l'arrêté du 4 vendémiaire.

II. Les quatre autres cinquièmes seront acquittés en quatre paiemens égaux, savoir, le premier dans le mois de ventose, le deuxième dans celui de floréal, le troisième dans celui de messidor, et le quatrième dans celui de fructidor suivant.

III. Les adjudicataires seulement dont le prix des adjudications s'élèvera à 50,000 liv. et au-dessus, seront tenus de souscrire des lettres-de-change pour le payement des quatre derniers cinquièmes, et payables aux époques déterminées par l'article précédent.

Dans ce cas les lettres-de-change seront remises aux receveurs de la régie de l'enregistrement et du domaine national par les adjudicataires, en même tems qu'ils paieront le premier cinquième, à peine de déchéance de leurs adjudications, et de la revente à leur folle enchère.

V. Les dispositions des articles précédens seront insérées dans les cahiers des charges des adjudications.

VI. Celles de l'ordonnance de 1669, relatives aux tiercemens et doublemens, ainsi qu'aux folles enchères, y reront également rappelées, et seront exécutées selon leur forme et teneur.

VII. Il est spécialement défendu d'y ajouter aucune clause insolite ou extraordinaire, telle que chauffage, délivrance de bois en nature, ou autre quelconque, à peine de nullité.

VIII. Toutes les adjudications seront faites, autant qu'il sera possible, avant le premier nivose

IX. Il y sera procédé par les administrations municipales désignées par l'arrêté du 4 vendémiaire dernier, dans le lieu de leurs séances ordinaires, et non sur place, ni par pieds d'arbres ou autres petits lots, mais par ventes suivant les formes et divisions usitées pour les bois ci-devant domaniaux.

X. Elles se feront en présence des officiers des ci-devant maîtrises des eaux et forêts, et du préposé de la régie des domaines et bois, aux jour et heure qui seront à cet effet concertés avec eux.

XI. Les administrations municipales seront tenues d'envoyer, dans le mois des adjudications, une copie par extrait des procès-verbaux d'icelles aux administrations centrales de département, qui les feront parvenir aussitôt au ministre des finances. Les commissaires du directoire exécutif près ces administrations, y tiendront exactement la main, sous leur responsabilité personnelle.

XII. Le ministre des finances est chargé de l'exécution du présent arrêté, qui sera imprimé au bulletin des lois.

Pour expédition conforme, *signé* CARNOT, *président ;* par le Directoire exécutif, *le secrétaire général*, LAGARDE ; *et scellé du sceau de la République.*

A P A R I S,

DE L'IMPRIMERIE DU DEPOT DES LOIS,

Place du Carrousel.

Et se trouve dans les villes chefs-lieux de départemens, au bureau de correspondance du Dépôt des Lois.

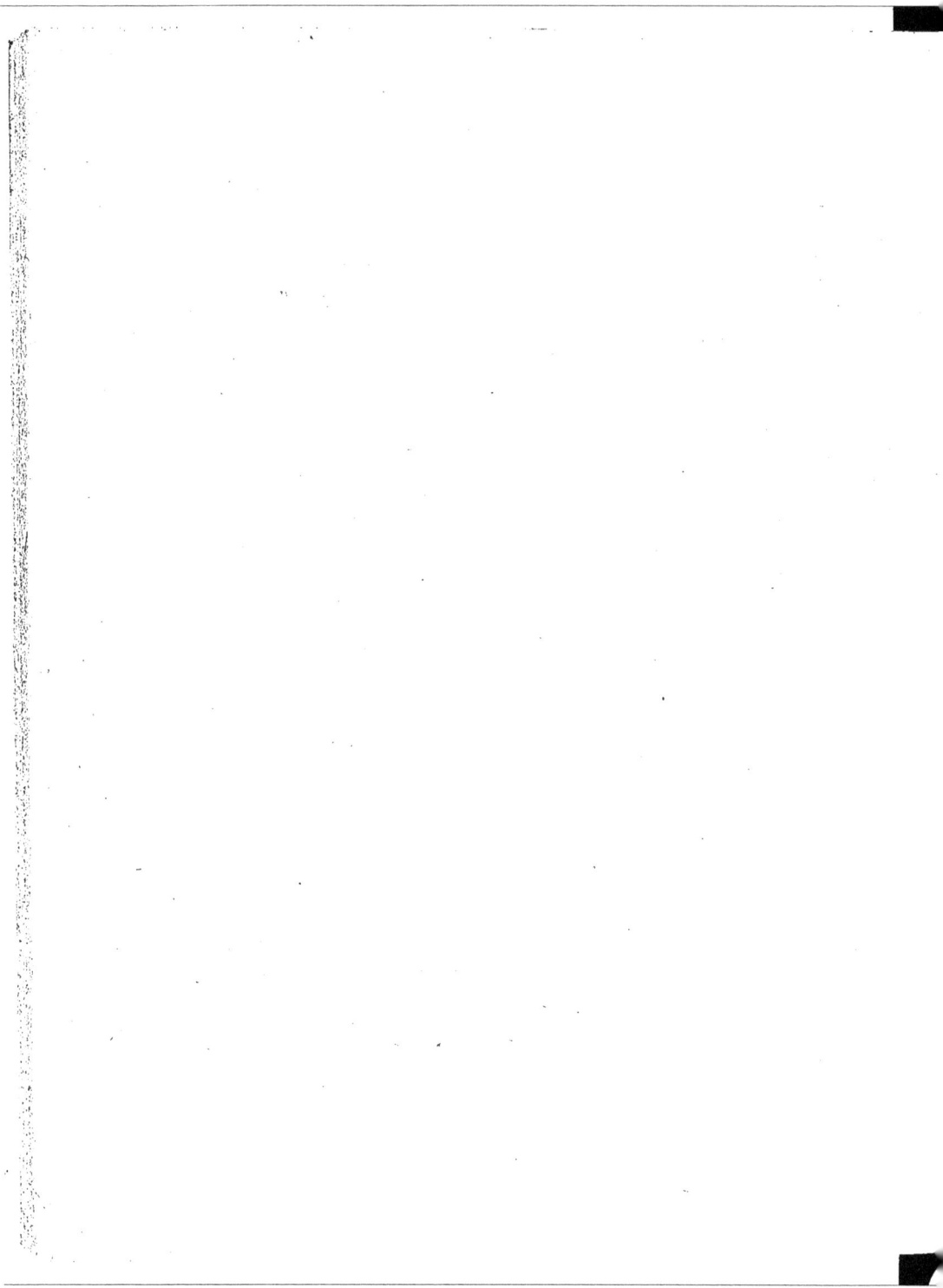

ARRÊTÉ

DU DIRECTOIRE EXECUTIF,

Concernant le pâturage des bestiaux dans les forêts nationales.

Du 5 Vendémiaire an VI de la République française, une et indivisible.

LE Directoire exécutif, sur le rapport du ministre des finances, considérant que l'introduction des bestiaux dans les forêts nationales donne lieu à des abus et des dégradations sans nombre ; qu'elle est prohibée par le titre XIX de l'ordonnance de 1669, à tous autres qu'aux *usagers* dénommés dans les anciens états arrêtés au ci-devant Conseil ; que l'art. IX du titre VI de la loi du 29 septembre 1791, charge les agens forestiers de vérifier et indiquer les cantons défensables dans les pâturages, et d'en faire publier la déclaration dans les communautés usagères ; que ces mêmes *usagers* sont astreints à des règles déterminées pour l'exercice de cette faculté,

Arrête ce qui suit :

ARTICLE PREMIER.

Le pâturage des bestiaux dans les forêts nationales de l'ancien domaine, est interdit à tous particuliers riverains qui ne justifieront pas être du nombre des usagers reconnus et conservés dans les états anciennement arrêtés par le ci-devant Conseil.

II. Il est également interdit dans toutes les forêts devenues nationales, excepté aux usagers qui auront justifié de leurs droits par-devant les adminis-

N.ᵒˢ 4, 9.

trations centrales des départemens, contradictoirement avec les agens nationaux forestiers et les préposés de la régie de l'enregistrement.

III. Ceux qui auront été reconnus usagers ne pourront user de cette faculté qu'en se conformant strictement aux dispositions contenues dans le titre XIX de l'ordonnance du mois d'août 1669.

IV. Leurs bestiaux ne pourront être conduits que dans les parties de bois qui auront été déclarées défensables par les agens forestiers, sous les peines prescrites par les ordonnances et règlemens.

V. Il ne sera déclaré de bois défensables que ceux qui seront reconnus être forts et élevés, sans avoir égard à leur plus ou moins d'âge, pour n'avoir rien à craindre de la dent des bestiaux.

VI. Le ministre des finances est chargé de l'exécution du présent arrêté, qui sera inséré au bulletin des lois.

Pour expédition conforme, *signé* L. M. RÉVEILLÈRE-LÉPEAUX, *président.*
Par le Directoire exécutif, *le secrétaire-général,* LAGARDE.

A PARIS,

DE L'IMPRIMERIE DU DEPOT DES LOIS,

Place du Carrousel.

Et se trouve dans les villes chef-lieux de départemens, au bureau de correspondance du Dépôt des Lois.

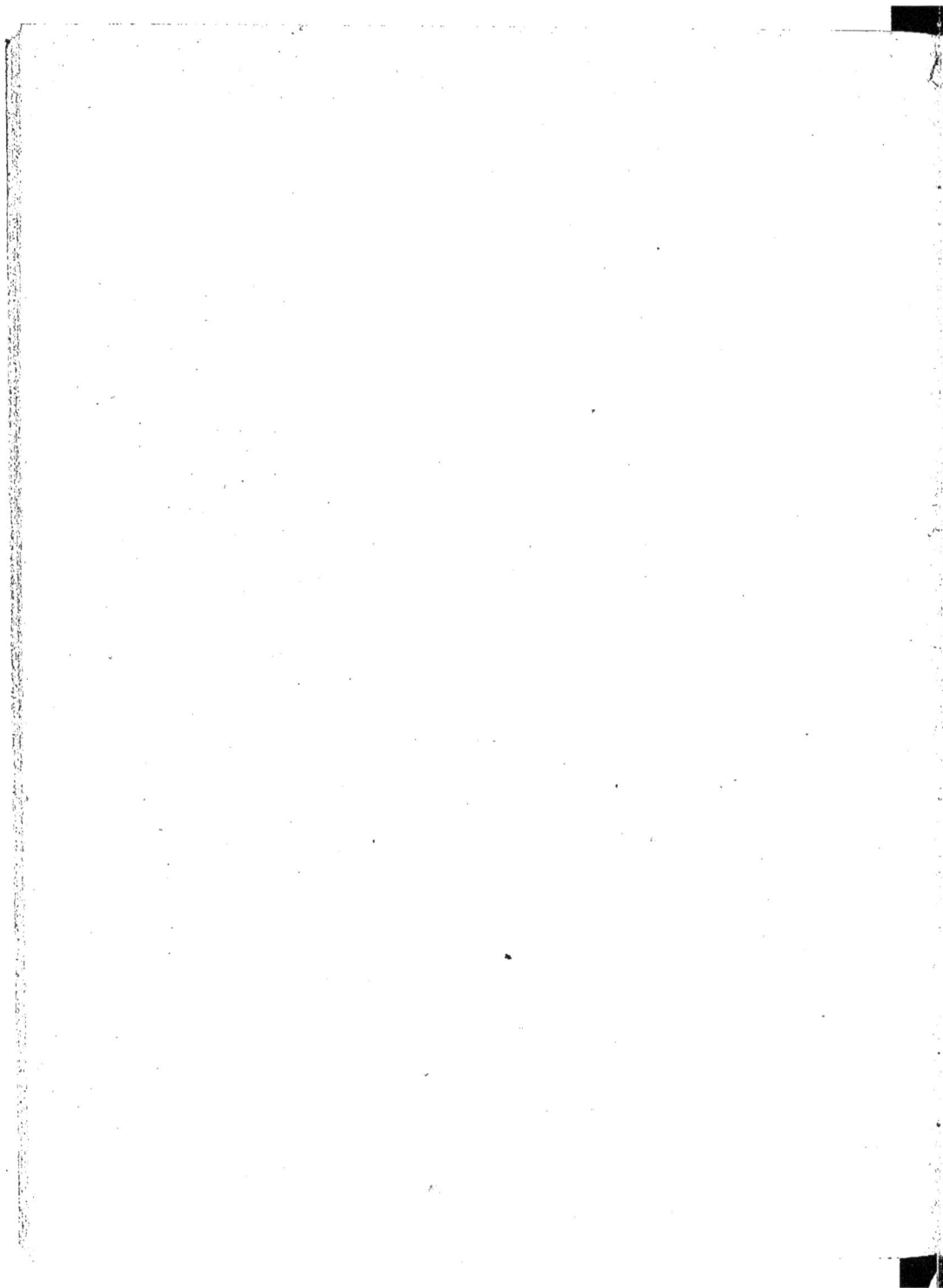

ARRÊTÉ

DU DIRECTOIRE EXECUTIF,

Concernant les bois riverains des forêts nationales.

Du 19 Pluviôse an VI de la République française.

LE DIRECTOIRE EXÉCUTIF, sur le rapport du ministre des finances ;

Considérant que les forêts nationales, et particulièrement celles qui ont appartenu aux ci-devant gens de main-morte et aux émigrés, sont exposées aux usurpations des riverains ;

Considérant que l'ordonnance de 1669, titre XXVII, articles IV et V, et autres réglemens postérieurs, imposent aux riverains l'obligation de séparer leurs bois des bois nationaux par des fossés ; et aux agens forestiers, celle d'y veiller et de faire réparer les entreprises qui pourraient y être faites,

Arrête ce qui suit :

1º. L'exécution des articles IV et V du titre XXVII de l'ordonnance de 1669, est recommandée aux agens forestiers et aux administrations centrales.

2º. Les agens forestiers veilleront à ce que les propriétaires de bois joignant les forêts nationales, réparent les fossés séparatifs dans les dimentions prescrites par le susdit article IV, et qu'il en soit creusé dans les endroits où il n'en existe pas, d'après les alignemens qu'ils feront dresser conformément aux anciens plans et bornages.

N.º 4, 9.

3°. Les difficultés qui pourront s'élever à cet égard, seront portées par-devant les administrations centrales, qui les termineront sur les mémoires des parties, communiqués préalablement aux agens forestiers et aux commissaires du Directoire exécutif.

4°. Le ministre des finances est chargé de l'exécution du présent arrêté, qui sera imprimé au Bulletin des Lois.

Pour expédition conforme, *signé* P. BARRAS, *président* ;
par le Directoire exécutif, *le secrétaire général*, LAGARDE.

A PARIS. De l'Imprimerie du Dépôt des Lois, place du Carrousel.

ARRÊTÉ

DU DIRECTOIRE EXÉCUTIF,

Contenant des mesures pour prévenir les incendies dans les forêts nationales.

Du 25 Pluviôse an VI de la République française, une et indivisible.

LE Directoire exécutif, sur le rapport du ministre des finances;

Considérant que les forêts nationales sont exposées à être dévastées par des incendies, presque toujours l'effet de la malveillance des riverains; qu'il est de l'intérêt même des communes riveraines d'en arrêter les effets désastreux; que cependant quelques-unes, voisines de la forêt d'Orléans, se sont refusées à y porter secours; qu'il était d'usage, en pareil cas, d'interdire aux communes refusantes tout droit de pâturage dans la forêt,

Arrête ce qui suit :

ARTICLE PREMIER.

Lorsqu'un incendie se manifestera dans la forêt d'Orléans, toutes les communes riveraines seront tenues, à la première réquisition des gardes forestiers, de leur aider à y porter secours et à arrêter les effets du feu.

II. Celles qui s'y refuseraient, même les particuliers qui sans raison valable s'en dispenseraient, seront notés, et privés de l'exercice du droit de pâturage dans la forêt.

III. Les dispositions de l'article XXXII du titre XXVII de l'ordonnance de

No. 3, 9, 4.

1669, qui défendent de porter ou d'allumer du feu dans les forêts, continueront d'être exécutées selon leur forme et teneur.

IV. Les agens forestiers et les municipalités riveraines sont chargés de prévenir les délits de cette espèce, d'en rechercher, dénoncer les auteurs, et de les poursuivre suivant la rigueur des lois.

V. Le ministre des finances est chargé de l'exécution du présent arrêté, qui sera imprimé au Bulletin des lois.

Pour expédition conforme, *signé* P. BARRAS, *président ;* par le Directoire exécutif, *le secrétaire-général*, LAGARDE.

A PARIS, de l'Imprimerie du Dépôt des Lois, Place du Carrousel.

Et se trouve dans les villes chef-lieux de département, au bureau de correspondance du Dépôt des Lois.

Au nom de la République française.

L O I

Relative aux jugemens arbitraux qui ont adjugé à des communes la propriété de forêts prétendues nationales, à l'exploitation desquelles il était sursis.

Du 28 Brumaire an VII de la République Française, une et indivisible.

LE CONSEIL DES ANCIENS, adoptant les motifs de la déclaration d'urgence qui précède la résolution ci-après, approuve l'acte d'urgence.

Suit la teneur de la déclaration d'urgence et de la Résolution du 26 Fructidor :

Le Conseil des Cinq-cents, considérant qu'il est instant de lever les obstacles qui s'opposent à l'exercice des droits de propriété, et de rendre à la justice son libre cours,

Déclare qu'il y a urgence.

Le Conseil des Cinq-cents, après avoir déclaré l'urgence, prend la résolution suivante :

ARTICLE PREMIER.

Les communes qui ont obtenu contre la République des jugemens arbitraux

CONSEIL DES CINQ-CENTS. — *Du 26 fructidor an VI*, rapport par le représentant Blin.
CONSEIL DES ANCIENS. — *Du 29 fructidor an VI*, création d'une commission. — *Du 27 vendémiaire an VII*, rapport par le représentant Delacoste. — *Des 16 et 28 brumaire*, opinions des représentáns Rossée, Méric, Regnier, et résumé du rapporteur.

N.º 2. 4, 9.

qui leur ont adjugé la propriété de certaines forêts qu'elle prétendait nationales, et à l'exploitation desquelles il a été sursis par la loi du 7 brumaire an III, produiront à l'administration de leur département, dans le mois qui suivra la publication de la présente loi, lesdits jugemens et les pièces justificatives.

II. Les commissaires près les administrations centrales se pourvoiront de suite par appel, dans les formes ordinaires, contre ceux de ces jugemens que les administrations centrales auront reconnus susceptibles d'être réformés.

III. Ceux que l'administration centrale croira devoir être maintenus, seront, dans le mois suivant, adressés, avec son avis et les pièces justificatives, au ministre des finances, qui sera tenu de prononcer, dans les deux mois suivans, si l'appel doit ou non en être interjeté.

IV. Si le ministre n'a pas prononcé dans le délai prescrit par l'article précédent, les communes seront envoyées en possession.

V. Ne seront pas assujétis aux formalités ci-dessus exigées, et seront exécutés sans aucun délai, ceux desdits jugemens arbitraux qui n'auront fait que confirmer des premiers jugemens rendus en faveur des communes par les tri-bunaux de l'ancien régime.

VI. La loi du 7 brumaire an III, et toutes autres contraires, sont rapportées.

VII. Le présente résolution sera imprimée.

Signé DAUNOU, *président;*

L. BONAPARTE, GIROT, *secrétaires.*

Après une seconde lecture, le Conseil des Anciens APPROUVE la résolution ci-dessus. Le 28 Brumaire an VII de la République française.

Signé PÉRÈS (de la Haute-Garonne), *président;*

VIMAR, JUDEL, *secrétaires.*

Le Directoire exécutif ordonne que la loi ci-dessus sera publiée, exécutée, et qu'elle sera munie du sceau de la République.

Fait au Palais national du Directoire exécutif, le 29 Brumaire an VII de la République française, une et indivisible.

Pour expédition conforme, *signé* TREILHARD, *président;*

par le Directoire exécutif, *le secrétaire général* LAGARDE.

Et scellée du sceau de la République.

A PARIS, de l'imprimerie du Dépôt des Lois, place du Carrousel.

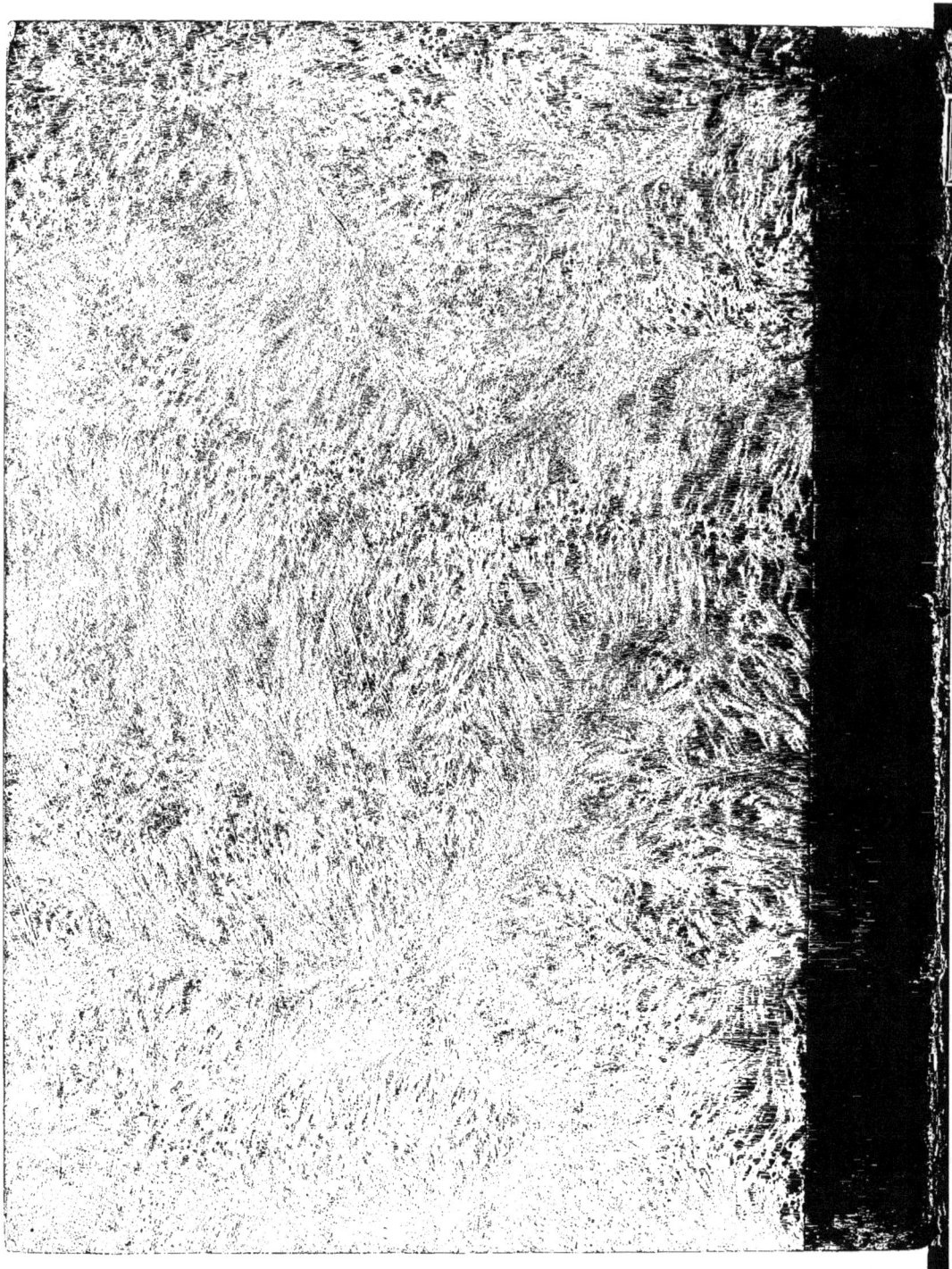